スペイン流 2大 テクニック

運ぶドリブル & 抜くドリブルを
Conducción y Regate
マスターする本 新版

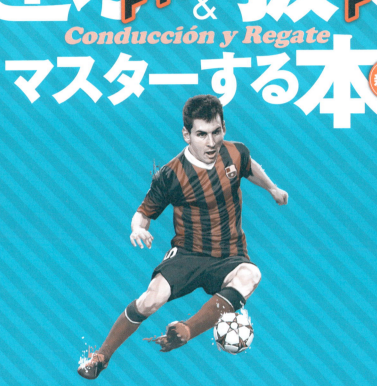

川島和彦
(サッカークラブJSC CHIBA代表)

吉田和史
(スペイン・サッカー協会公認指導者)

プロローグ

「サッカーの競技で足を使ってボールを運ぶ技術のことを、何と呼ぶ？」

こんなクイズが出題されたとしたら、日本では多くの人が迷わず、

「ドリブル！」

と回答するでしょう。もちろん、日本ではそれが正解になるでしょう。ただ、これは地球上でサッカーを行う全ての国や人が納得のいく「正解」になるとは限りません。いくつかの国においては、これが不正解になる可能性があるのです。それは「何故か？」…。

この本を手に取っていただいた皆さんには、この本を通して、またこれから紹介する4週間のトレーニングによって、その理由に迫って頂けると思います。

「ドリブル」って何だろう!?

Prolog

この本は、主に世界屈指のサッカー強豪国である「スペイン」が取り組む練習を参考に「ドリブルの技術」を学んでもらうためのものです。

それは、日本人とそれほど大差のない体格で、世界を魅了するスペインサッカーの「ショートパスでの連携」や「圧倒的なボールポゼッション（支配率）」を実現するためのベースとして、お手本となるとても重要な基礎技術です。

本書では、これまで日本ではあまり言及されてこなかったドリブルの役割や種類について、日本とスペインそれぞれでサッカー指導をしてきた2人のスペシャリストが、くわしく解説、指導していきます。

第1章の「理論編」はスペインで活躍する吉田和史氏、第2章〜第3章の「実践編」は、日本のドリブル育成のプロ川島和彦氏に監修をお願いしました。

トレーニングは4週間で学ぶプログラムになっていますが、もしも、4週間で全てを行えなかったとしても気にすることはありません。あせらず自分のペースでトレーニングを繰り返していけば、ボールは必ずあなたのイマジネーションに寄り添う、味方になってくれるはずです。

さあ、皆さん。ボールを持ってドリブルの「謎」を突破しましょう！

Contents

プロローグ 「ドリブル」って何だろう！？ —— 002
本書の使い方 —— 008

第1章 理論編 世界最先端！スペインサッカーに学ぶ　010
『運ぶドリブル』と『抜くドリブル』の基本

Chapter 1 —— 012
ドリブルは一つじゃない…／スペインサッカーにおけるドリブルの考え方

Chapter 2 —— 016
「運ぶ」＆「抜く」ドリブルの役割／3種類の運ぶドリブル
3種類の抜くドリブル／各ドリブルの難易度／複数のドリブルの併用

Chapter 3 —— 033
ドリブルは特化した練習だけでは上手くはならない
コントロール・オリエンタードについて —— 037

第2章 実践編 個人トレーニング　ドリブルテクニックをマスターしよう！　038
運ぶドリブルと抜くドリブルを使い分けて
ドリブルレベルをステップアップ

「運ぶドリブル」と「抜くドリブル」のトレーニングをはじめる前に —— 040
お父さんお母さん・コーチの方へ —— 042

Warming Up
練習前のウォーミングアップでボールタッチの感覚を確かめる —— 044
基本のジグザグドリブル

第1週 1st Week 『運ぶドリブル』トレーニング Conducción
1日目 運ぶドリブルトレーニング① ボールタッチによる回転を意識したフリードリブル —— 048
直進ドリブル／スラロームドリブル①インサイド／スラロームドリブル②ソールスラローム／タッチ限定ジグザグドリブル
運ぶドリブルトレーニング② まっすぐに速く進むドリブルでトップスピードでのコントロールを磨く！ —— 052
狭進直進ドリブル／狭進直角ダブルタッチ

2日目	運ぶドリブルトレーニング③ 移動幅を変えてダブルタッチで左右に切り返す	054
	ダブルタッチ①幅広ダブルタッチ／ダブルタッチ②幅狭ダブルタッチ	
3日目	運ぶドリブルトレーニング④ 斜め後ろドリブルで、ディフェンダーとの距離を保つ	058
	斜め後ろにドリブル	
4日目	運ぶドリブルトレーニング⑤ 緩急を意識したドリブルでディフェンダーを翻弄する	060
	緩急ドリブル	
	運ぶドリブルトレーニング⑥ 足元を見ないドリブルで安定したボールタッチを身につける！	062
	曲線ドリブル	
5日目	運ぶドリブルトレーニング⑦ 斜め前ドリブルで、ドリブル移動に幅を持たせる	064
	斜め前にドリブル①アウトサイド／斜め前にドリブル②ソールでのローリング	
6日目	運ぶドリブルトレーニング⑧ シザース・フェイントでディフェンダーをかわせ！	066
	シザース／シザース×2（ダブル）	
7日目	運ぶドリブルトレーニング⑨ フリードリブルでスムーズなボールタッチを身につける	068
	フリードリブル	

Columun 01 モノマネ上手は、サッカー上手！ 体でプレーを感じよう —— 070

第2週 2nd Week 『運ぶドリブル』トレーニング *Conducción*

1日目	運ぶドリブルトレーニング⑩ リフティングで浮き球のコントロールを身につける	072
	リフティングで直進／リフティングでスラローム／リフティングで大回りスラローム	
2日目	運ぶドリブルトレーニング⑪ 幅広のジグザグドリブルで大きな動きを身につける	074
	長距離ジグザグドリブル①インサイド／長距離ジグザグドリブル②アウトサイド	
3日目	運ぶドリブルトレーニング⑫ 直角ドリブルで急な方向転換をマスターしよう	076
	直角ドリブル	
4日目	運ぶドリブルトレーニング⑬ ディフェンダーの裏をとるボール運びを身につけよう	078
	ミニ裏街道	
5日目	運ぶドリブルトレーニング⑭ ステップオーバーでフェイントの基礎を身につける	080
	直進ステップオーバー／曲線ステップオーバー	
6日目	運ぶドリブルトレーニング⑮ ゴール直前のクリロナターンでシュートを狙おう！	082
	クリロナターンからシュート	
7日目	運ぶドリブルトレーニング⑯ 複数人を連続でかわすボールコントロールを身につける	084
	5ポイントドリブル	

Columun 02 イメトレは上手くなる近道！ 体だけでなく想像力も鍛えよう —— 086

第3週 3rd Week 『抜くドリブル』トレーニング Regate

- **1日目** 抜くドリブルトレーニング① 片足の細かい切り返しで進む高速ジグザグドリブル —— 088
  片足限定切り返しドリブル
- **2日目** 抜くドリブルトレーニング② ソール（足裏）でのボールタッチに慣れる —— 090
  ソールでボール1/3回転／体の後方でソールタッチ
- **3日目** 抜くドリブルトレーニング③ バランスを崩さずにするどく斜め前に抜け出す —— 092
  高速斜め前突破
- **4日目** 抜くドリブルトレーニング④ ボールに触らないノータッチフェイントで相手を崩す —— 094
  ボールに触れないまたぎフェイント
- **5日目** 抜くドリブルトレーニング⑤ 変則股抜きで狭い場所を突破する —— 096
  クライフターンで股抜き
- **6日目** 抜くドリブルトレーニング⑥ 連続フェイントでディフェンダーを抜く —— 098
  またぎフェイント（シザースやステップオーバーなど）〜マシューズで抜く
- **7日目** 抜くドリブルトレーニング⑦ 2人を連続で抜くコンビネーションドリブル —— 100
  ①1人目を右に抜き、2人目のスライディングをかわす／②1人目を左に抜き、2人目のスライディングをかわす

Columun 03 試合は、まさに「ためしあい」！ 失敗を恐れず上手くなろう —— 104

第4週 4th Week 『抜くドリブル』トレーニング Regate

- **1日目** 抜くドリブルトレーニング⑧ アウトサイドでの切り返しに連続シザースで変化を加える —— 106
  連続シザース
- **2日目** 抜くドリブルトレーニング⑨ アウトサイドでの高速ドリブルでボールを左右に大きく動かし続ける —— 108
  アウトサイド限定高速ドリブル
- **3日目** 抜くドリブルトレーニング⑩ 空中での2連続またぎからの方向転換 —— 110
  空中2連続またぎからインサイドで切り返す／空中2連続またぎからアウトサイドで切り返す
- **4日目** 抜くドリブルトレーニング⑪ 斜め後ろドリブルでディフェンダーを誘い出して抜く —— 114
  斜め後ろドリブルからの浮かし／斜め後ろドリブルからアウトサイドで誘ってエラシコ
- **5日目** 抜くドリブルトレーニング⑫ 連続エラシコでディフェンダーの逆をつく —— 118
  ダブルエラシコ
- **6日目** 抜くドリブルトレーニング⑬ ダブルルーレットでゴール前の混戦を制する —— 120
  高速連続ルーレット
- **7日目** 抜くドリブルトレーニング⑭ 連続フェイントで実戦的な動きを身につける —— 122
  シザース〜ルーレット〜ソールで横に引く連続フェイント

まとめ トレーニングをしていて気になること Q&Aコーナー —— 124

Contents

第3章 実践編 グループトレーニング　ドリブルテクニックをマスターしよう！　126

グループ練習を通してゲーム感覚で運ぶドリブルと抜くドリブルをマスター

2人で行うメニュー　*Group Training*

グループトレーニング 1　ディフェンダーのプレッシャーに耐えるキープ力を身につける ── 128
がに股ローリング／がに股プレッシャー

グループトレーニング 2　追ってくるディフェンダーとの1対1の駆け引き ── 130
スピードを落とさずディフェンダーを抜き去る

グループトレーニング 3　横から迫ってくるディフェンダーを1対1でかわしてシュートを決める ── 132
ディフェンダーを縦に抜いてシュート／ディフェンダーを横に抜いてシュート

グループトレーニング 4　接触を避けるようなドリブルを身につける ── 136
8の字ドリブルで正面からくる相手を抜く

グループトレーニング 5　横っ飛びにダブルタッチでかわす ── 138
足元からの横っ飛びダブルタッチ／走り込んでの横っ飛びダブルタッチ

グループトレーニング 6　正面に構えたディフェンダーをワンタッチで抜く ── 140
ワンタッチの1対1

3人以上で行うメニュー　*Group Training*

グループトレーニング 7　対人スラロームのトレーニングで実戦感覚を身につけよう ── 142
連続スラロームドリブル

グループトレーニング 8　ディフェンダー2人の隙をついて反対エリアまですり抜ける ── 144
1対2のすり抜けドリブル

グループトレーニング 9　連続の1対1で体力と集中力を鍛えよう ── 146
縦抜きフェイント

グループトレーニング 10　フェイントを上手く活用して1対2を制する ── 148
連続1対2

グループトレーニング 11　的確な状況判断力とラインコントロールを身につける ── 150
4対4背中タッチ

グループトレーニング 12　チーム戦で練習の成果を出し、チームを勝利に導こう！ ── 152
4対4陣取りゲーム

エピローグ　メッシだって「神様」じゃない…。誰でも「レジェンド（伝説）」になれる！ ── 154

監修者紹介 ── 156

本書の使い方
How To Use

Point 01
どんなドリブル技術のトレーニングかをわかりやすく

このトレーニングが「運ぶドリブル」か「抜くドリブル」のどちらのトレーニングメニューなのかがわかります。また、ドリブル技術の何をマスターするための練習なのか、ポイントを簡潔にまとめています。

運ぶドリブルトレーニング③

第1週 2日目　個人練習

移動幅を変えてダブルタッチで左右に切り返す

ダブルタッチ①　幅広ダブルタッチ
練習時間：15分
スピード：トップスピード

menu 幅を広くとって並べたコーンの間を、ダブルタッチを使って左右に大きく動きながらトップスピードで前進していく。

リズミカルなボールタッチを意識する

ボールを浮かさないようにしながら、斜め前のコーンに向けてダブルタッチで移動する。上体が遅れないように素早いリズムでダブルタッチを繰り返していこう。左右の足の切り替えを速くして、タッチのリズムを速くすることがポイント。コーンの近くギリギリまで、ダブルタッチで大きく横移動する感覚が身につけば、さらにスピードアップできる。リズムとスピードを意識して練習しよう。

このトレーニングの動き方

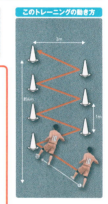

右足下のボールを蹴り飛ばしながら左足に受け渡す。横にスライドして動くイメージ。

Point 02
図解によってトレーニングメニューがイメージしやすい

トレーニングメニューを図解とともに紹介しています。このトレーニングの練習時間の目安や、ボールコントロールする時のスピードの目安も表記しているので、実際にトレーニングを行う時の参考にしてください。

主に実践編となる第2章、第3章のトレーニング紹介ページの使い方を説明します。

第2章は、4週間を通して「運ぶドリブル」と「抜くドリブル」をマスターするためのトレーニングメニューです。1〜2週目は「運ぶドリブル」、3〜4週目は「抜くドリブル」となっており、主に個人練習を中心とした内容で構成されています。第3章は、グループトレーニングを中心としたメニュー構成となっています。

Conducción

ダブルタッチのリズムを体で覚える

このトレーニングでは、ダブルタッチをリズミカルに行うことが重要になる。斜め前のコーンに対して、体を真横に飛ぶように動かしてインサイド部分でボールを押し出す。股関節を柔らかく使って、押し出したボールを逆足のインサイドで受け止める。この流れを、速いリズムで刻めるように意識して練習しよう。

STEP UP TRAINING

ディフェンダーを横にかわす

ディフェンダーが前から飛び込んできた時、ダブルタッチで横っ飛びして、ボールと一緒に横移動することで、ディフェンダーを一気にかわして置き去りにすることができる。ダブルタッチのスピードを維持したまま次の動作に移ることがポイント。

ディフェンダーを見ながら、低空で横に飛ぶようにインサイドタッチ。

逆足のインサイドで受け取りながら、スピードを維持して前に進む。

トレーニングのツボ
低空で横っ飛びするようにタッチして、着地と同時に逆方向に飛ぶ動作を連続する。

Point 03
さらにレベルアップするためのトレーニングを紹介

ここではドリブルテクニックをさらに高めるための練習方法や、アドバイスをまとめています。「ステップアップトレーニング」の練習を身につけることで、一つ上を行くドリブルが身につくことになるでしょう。

Point 04
このトレーニングの注意点などをワンポイントアドバイス

ドリブルの練習がうまくできるようになるコツや、間違えやすい動きなど注意事項をまとめています。トレーニングメニュー通りの動きができない時は「トレーニングのツボ」のアドバイスを参考にしてください。

Conducció

第1章 理論編

― 世界最先端！スペインサッカーに学ぶ ―
『運ぶドリブル』と『抜くドリブル』の基本

吉田和史（スペイン・サッカー協会公認指導者）

n y Regate

〈Conducción＝コンデゥクシオン〉と〈レガーテ＝Regate〉

日本では、ボールを足で扱って移動する技術を「ドリブル」と呼びます。しかし、世界でもっとも魅力的なゲームを展開するサッカー大国「スペイン」ではこのドリブルの技術を目的別に、大きく二つに分けて考えます。この考え方に基づいたプレーが、ピッチを圧倒的に支配する「ショートパスの連携」や「ボールポゼッション（ボールの支配率）」を支えているのです。体格的な特徴が近い日本人が見習うべき模範として、スペインにおけるドリブル技術のポイントを理解するところから始めましょう！

世界最先端! スペインサッカーに学ぶ『運ぶドリブル』と『抜くドリブル』の基本

Chapter 1

ジュニアユースU-14　Sant Gabriel(サン・ガブリエル) vs Vilassar de Mar (ビラサル・デ・マール)

ドリブルは一つじゃない…

日本では一般的に一つの技術として考えられている「ドリブル」ですが、スペインでは『運ぶドリブル（コンドゥクシオン）』と『抜くドリブル（レガーテ）』という二つの技術として分けて考えられています。

選手を育てる指導の現場やコーチングスクールだけではなく、一般のサッカーファンの間でもこの二つの技術はドリブルという分類の中の二つの技術としてではなく、パスとシュートのように、それぞれが単独で一つの技術と分類されているのです。

この二つの技術をそれぞれ定義す

図1「運ぶドリブル」

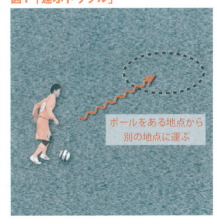

ボールをある地点から別の地点に運ぶ

Conducción y Regate

図2 「抜くドリブル」

ると、『運ぶドリブル』＝ボールをある地点から別の地点に運ぶ技術（図1）『抜くドリブル』＝ボールをキープしたまま相手を抜く技術（図2）ということができます。

「運ぶドリブル」を体現する選手としては、チャビ・エルナンデスやジェラール・ピケがその良い例です。特にボールポゼッションを重視するバルセロナのようなチームでは、通常は攻撃に参加しないセンターバックが「運ぶドリブル」を使ってポジションを上げるプレーが多く見られます。

また「抜くドリブル」の名手としては、クリスティアーノ・ロナウド、ヘス・ナバス、イニエスタ、そしてメッシなどが挙げられます。この

4選手は類いまれなドリブルの才能を持っているのには違いありませんが、正確には、さらに二つのタイプに分類できます。その二つのタイプについては後述します。

スペインサッカーにおけるドリブルの考え方

日本ではドリブルといえば「抜くドリブル」のことを指し、運ぶ技術に関しては抜くドリブルの中の一要素、もしくは前段階と捉えられていることが多いのではないでしょうか。

しかしスペインでは、ボールを「運ぶドリブル」を、抜くドリブルとは違う技術と捉えています。前でも横でも後ろでも、相手がいないスペースに向けて2〜3タッチ以上触りながらボールを運ぶ技術は全て「運ぶドリブル」と定義されます。

試合の中で攻撃時に使われる技術を分類すると、「パス」と「ドリブル」の二つのプレーが大半を占めますが、そこでスペインが日本と違うのは、「抜くドリブル」をここでいう「ドリブル」から切り離して考え

ていることです。

　スペインでは「抜くドリブル」は試合の中でピンポイントに使う"特別な技術"と考えられています。例えば「シュート」は言うまでもなく、サッカーの試合の中でとても重要なプレーです。しかし試合全体で行われるプレーの中で比較すれば、回数としてはとても少ないものになります。同じく相手を抜くドリブルもスペインでは、「重要なプレーではあるけども、頻繁に使うプレーではない」という認識なのです。

　なぜスペイン人は日本人よりも「相手を抜くドリブルは試合中に使える回数が少ない」と考えているのでしょうか。それは、試合で対戦する両チームの選手の実力が、スペインでは日本の数倍も拮抗しているからでしょう。例えば相手を抜くドリブルの一つに、足の速い選手が守備側の選手をスピードで置き去りにして抜くドリブルがありますが、スペインでは多くの場合、対戦相手のディフェンダーも同じスピードを持っているので、スピードだけで相手を抜くことが難しいのです（図3）。

　それでは、なぜ両チームの選手の実力は拮抗していると思いますか？

　それは、スペインではサッカーを学校のクラブや部活動ではなくクラブチームで行い、選手はクラブ内ではっきりと実力別に分けられたチーム（1〜4軍）でプレーしているからです。そしてクラブ間にも実力差があり、実力で上回ると判断された選手は、翌シーズンは格上のクラブに移籍していきます。この結果、スペインでは小学生年代から何層にも分けられたリーグが存在し、そこで行われる試合では両チームの選手の実力がほぼ同等となるのです（図4）。これはプロリーグの構成と同じであり、そこで必要とされる技術、戦術もプロで必要とされるものの縮小版

図3　スピードだけで抜こうとすると…

ディフェンダーに同じスピードで対応されてしまう

Conducción y Regate

図4 ピラミッド型のリーグ構成

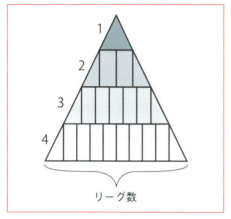

スペインでは、U-15までの年代が、1〜4部の階級に分かれており、1リーグ16チーム構成でリーグ戦を行っている。1部は1リーグ制（16チーム）、2部は4リーグ制（64チーム）、3部は14リーグ制（224チーム）、4部は34リーグ制（544チーム）という具合に、下の階級にいくほどリーグ数が増えるピラミッド型の構成となっている（ちなみにU-16〜18は5部までリーグが分かれており、2部リーグだけは例外で18チームで構成される）。

となります。

　一方、日本では学校体育やその延長である組織がサッカーを行う主な場所となるため、1チームの中に実力が異なる選手が混在しています。加えて近年まで育成年代では、リーグ戦を主とする大会形式が未整備だったので実力差があるチーム同士の対戦も多かったという状況があります。試合によっては、選手間のレベル差がある「ミスマッチ」が起き、相手を抜くドリブルを狙える機会が増えました。

　その結果、スペインなどで通常のゲーム中に想定されるものよりも抜くドリブルの回数が多くなったので

す。チームに実力差がある分、抜くドリブルに傾倒した方針であっても、結果（相手を抜き去るのに成功すること）がついてくる特殊な状況が、この傾向をさらに後押ししているでしょう。

　「ボールを持ったらまず相手との1対1にトライする」という方針はスペインではあり得ません。ボールコントロールの練習は重要ですが、1対1のドリブルやフェイントに磨きをかけるよりも、スペインではチームスポーツとしてどのように攻めて守るかということを最初の段階から子供たちに指導することを優先します。

世界最先端! スペインサッカーに学ぶ『運ぶドリブル』と『抜くドリブル』の基本

Chapter 2

ユース1部　FC Barcelona (FCバルセロナ) vs Cornella A(コルネヤ)

「運ぶ」&「抜く」ドリブルの役割

個人の能力ではなく、組織プレーをサッカーの基盤として考えるスペインでは、ドリブルという技術がどのように分類され、どんな役割をもって捉えられているか、順番に整理していきたいと思います。

運ぶドリブル（コンドゥクシオン）

▶定義

このドリブルの目的は、第一にボールをA地点からB地点まで運ぶことです。第二にコントロールを失わないこと。常に自分の意図した形でボールを保持し、次にパス、抜くドリブル、シュートに切り替えられるような状態を保つことが重要です。

▶技術

走行状態でボールを扱うためインフロント、アウトフロント、インステップ、そしてつま先の4カ所が、主な足のタッチ面となります。これに加えてインサイドや足裏などが方向転換の際に活用されることがあり

Conducción y Regate

ます。進行する際は、弱めのキックや足のタッチ面をボールにフィットさせて押し出すように行うものがあります（図5）。

またこの運ぶドリブルでは、プレーの継続や別のプレーに切り替えるかどうかを判断するために、進行中に顔を上げ周囲の状況を把握する必要があります。視界を確保しながらボールをコントロールする能力、すなわち数秒間、ボールを視界におさめなくてもコントロールできる技術が重要な要素です。

抜くドリブル（レガーテ）

▶︎定義

このドリブルの目的は、対峙する相手選手の守備範囲内をボールと共に通過し相手選手を抜き去ること。

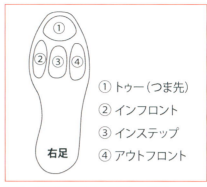

図5　ドリブル時の足のタッチ面

① トゥー（つま先）
② インフロント
③ インステップ
④ アウトフロント

▶︎技術

足のタッチ面は運ぶドリブルと同じく、インフロント、アウトフロント、インステップ、そしてつま先の4カ所。相手の守備範囲内で相手が反応するよりも速いスピードでボールを操り、相手の体に触れないコースへとボールを導く技術が必要とされます。もしくは相手の守備範囲の境界をスピードで抜き去るドリブルもあります。

Europa（エウロパ　白）U-16
vs 大阪・興国高校（エンジ）

3種類の運ぶドリブル

コンドゥクシオンと呼ばれる「運ぶドリブル」には大きく分けて三つの種類があります。

❶ ボールをキープするドリブル

このドリブルはプレーの中で敵からボールを守るために行われるものです。状況によっては腕や体幹部で敵をブロックしながら、逆足でボールを扱うなどして、ボールをキープすることが一番の目的となります。

攻撃の初段階で、相手チームの布陣の前方でチャンスの糸口を探るために前後、左右に向けて行われるドリブル（図6）や、ポストプレーでボールを受けた選手が背後の敵からボールを守るために行うドリブル（図7）がこれに当たります。

実は運ぶドリブルの中で一番最初に取り組み、キャリアの全般におい

運ぶドリブルが得意な選手

ジェラール・ピケ

チャビ・エルナンデス

「運ぶドリブル」を使ってポジションを上げていくプレーが得意なチャビやピケ。

Conducción y Regate

図6 ドリブルで攻撃の糸口を探る

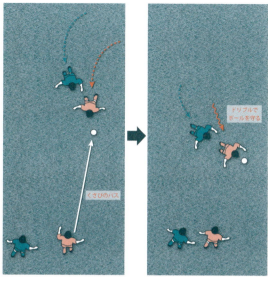

図7 ポスト役がボールを受ける

て磨きをかけなくてはいけないのがこのドリブルなのです。なぜならこれは試合の中で一番多く使用する機会があるドリブルで、これによってミスをせずに上手くプレーを繋げることがチームのプレーに安定感を与えます。逆にここでミスが多い選手は、その他のドリブルの質を問うまでもなく、まずはこのドリブルの習得が急務となります。この技術は1対1の対人練習ばかりを行うのではなく、適切なプレッシャーが相手から与えられるゲーム形式の中で実践してこそ磨けます。

❷ トップスピードで進むドリブル

　これは敵のゴールやピッチサイドの奥深くに向けて行うドリブルで、敵に遭遇せずに目標地点に速く到達するのが目的です。ボールタッチが少ない方がトップスピードの走行を妨げないので、適切な強さでボールを前方に蹴り進めることが重要になります。敵が接近してきた場合やシュートのためにボールを進める間隔を調整する判断も必要です。

　ゲームでは特にサイドチェンジや

カウンターアタックのチャンス時に、パスを受けた選手の前方にオープンスペースがある場合が典型的なパターンです。ドリブルでの進行が速いほど敵の帰陣の遅れを突き、ゴールを奪える確率は上がります。クリスティアーノ・ロナウドのカウンターアタックが良い例です（図8）。

❸ ボールポゼッションと連動した陽動のドリブル

攻撃のチャンスをうかがう①のドリブルと、相手陣内に深く進行する②のドリブルの要素を併せ持つプレーです。これはチームの戦術的規律に沿って行われます。相手チームが守る最重要地点（ゴールやピッチサイドの奥深く）に向けて進行することで相手ディフェンスは優先的に、このドリブルに守備対応せざるを得なくなります。味方に張りついていた相手のマークもこの対応に回ることではがれ、自分以外の選手を自由にすることができるのです。技術的には、相手の接近に伴いパスや他のドリブルに切り替える必要があるので、状況に応じたプレースピードと、

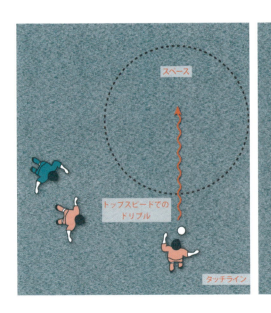

**図8
オープンスペースにドリブルで侵入**

Conducción y Regate

ボールに方向性を与える足のタッチ面の選択が必要となります（図9）。「陽動の〝運ぶ〟ドリブル」が日本でも注目されてきた背景には、スペインサッカーの世界的な躍進があります。FCバルセロナのプレースタイルがサッカー界を席巻したこと、そしてスペイン代表が欧州選手権2連覇とワールドカップで初優勝したことが、サッカー界における一大トレンドとしての位置づけにつながっているのは間違いないでしょう。

FCバルセロナやスペイン代表の試合を見ていくと、華麗なパスワークの合間にセンターバックが最終ラインからスルスル〜とドリブルで持ち上がっていくシーンが見受けられます。予備知識がない人でも、バルセロナの試合を見ていれば他国のサッカーではあまり見られないセンターバックのこのドリブルの存在に気づくでしょう。これが「陽動のドリブル」の一例です。

スペインサッカーは他国に比べて「ボールポゼッション」を重視していますが、そのスタイルを支える重要な要素としてこのドリブルがあります。ボールを支配し続けるには、

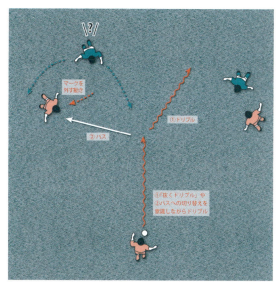

図9
ディフェンダーを引きつける「陽動のドリブル」

相手の守備をかいくぐるパスワークが欠かせません。

　選手がお互いの位置と距離を調整しながら、局面で数的有利な状況を生み、常にパスコースを作っておくことが、ボールポゼッションの根幹を成します。

　しかし、守備側もそのパスワークを寸断するための対応を準備しているので、局面によってはパスワークを続けるのが難しい状況になります。そういった局面の一つに「ボール保持者の前方の味方が全てマークされている」というものがあります。こ こで仲間に張りついた相手のマークをはがすのに有効となるのが、「陽動のドリブル」なのです。

　サッカーの原則の一つに、「攻撃側は可能な限りゴールに向かう最短距離の突破を図る」というものがあります。守備側はこれを防ぐために、「自陣ゴールに最も近いルートから守備を固めて」いきます（図10）。

　ボールポゼッションと連動して使う「陽動のドリブル」はまさにこの原則を利用したもので、ボール保持者がゴールに向かってドリブルを開始する一方で、マークされた味方選

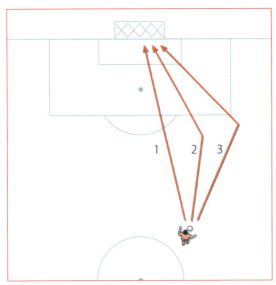

**図10
攻撃時の優先順位**

Conducción y Regate

手が「ボール保持者とゴールを結ぶ直線上」から離れることで、相手のディフェンダーに「このままマークを続けるか？」「進行するボール保持者の対応に出るのか？」その決断を求める状況を作るのです。

相手チームにとって一番避けたいのは、最短距離でゴールに近づかれることなので、この守備者はボール保持者に対応せざるを得ず、結果としてマークを放棄しなくてはいけなくなります。これで攻撃側はこの自由になった選手を新たなパスの受け手候補として利用でき、ボールポゼッションの継続が容易になるのです。

仮に相手がマークを継続しボールに対応してこないのであれば、ボール保持者はそのままゴールに向かって運ぶドリブルを継続すればよいのです。FCバルセロナのピケは相手選手が対応してこないと見るや、運ぶドリブルを継続し、時には加速し、前線の選手へのパスを行う、もしくは壁パスなどで、パス交換をしながら突破を図ることもあります。

▶ 陽動のドリブルの注意点

「陽動のドリブル」はボールを相手ゴールに近づけられるという点で、攻撃面で大きな役割を果たす重要な選択肢ですが、そのプレーにはいくつかの注意点が伴います。

まず、一つ目はカバーリングです。ディフェンダーが陽動のドリブルで上がる時には、相手のカウンターに備えて、その選手が攻め上がることで空いた後方のポジションを中盤の選手が埋める（カバーリングする）必要があります。そのカバーリングが間に合わないタイミングでディフェンダーが「抜くドリブル」を仕掛けてしまい、ボールを失ってカウンターを受ける事態は避けなくてはいけません。そういった観点からも、後方の選手が運ぶドリブルを継続した際は、本来のディフェンスゾーンより手前で、さらにパスやシュートなど確実にボールを手離すプレーを選択することがリスク管理の面で適しています。

そして二つ目はドリブルスピードと視野の関係です。周囲の状況を把握するには顔を上げて視野を確保しながらプレーをすることが求められます。しかし、視線をボールに向けないことでボールコントロールの難

易度は上がります（図11）。

さらに、ボールを進めながら状況に応じてパスを行うので、立ち止まった状態でパスするよりも難しくなります。

これに関係するのが、「ドリブルのスピードが速くなるほどパスの選択肢が減る」という原則です。

机上の理論では、ボール保持者がパスを出せるのは、上から俯瞰で見た場合、その選手を中心にした360度の範囲全てとなります。しかし、実際にはドリブルを止めて方向転換をしない限り後方へのパスは出せません。さらに、前方に進みながら真横に出すパスも難易度が高いものとなります。

ドリブルのスピードが加速すればするほど、使えるパスコースは進行方向に向かって狭い角度の扇型となり、その範囲は限られてくるのです（図12）。加えてボールを進めている状態では、ボールを浮かして蹴る技術の難易度も上がるため、前方への浮き球のパス、浮き球のミドルパスやロングパスは難しいものとなります。また前方に立ち塞がる相手は正面のパスコースを閉じようと動きますので、そこにドリブルで向かっていくということは自ら相手が塞ぐスペースの表面積を増やすことにもなり、余計にパスの失敗率は高くなります。

したがって陽動のドリブルを行う場合、可能な限り多くのパスコースにパスを出せるスピードで進行することが重要となります。FCバルセロナのセンターバックが、トップスピードよりも遅いドリブルで上がっていくのはそのためです。

経験の浅い選手は進めるスペースを前方に見つけると、やみくもに速いドリブルをスタートさせ、パスを失敗したり抜くドリブルを敵に仕掛

図11　ドリブル時の視野の確保

Conducción y Regate

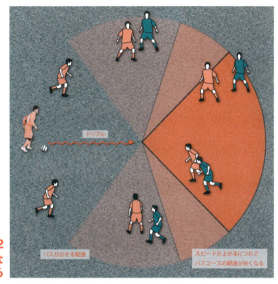

図12
ドリブルスピードが速くなるとパスコースは狭くなる

けてボールを失うことが多いものです。ですから、指導者は前述のような「パスの成功率と適切なドリブルスピードの相互関係」を選手に理解させる必要があります。

3種類の抜くドリブル

運ぶドリブルと同様に「抜くドリブル（レガテ）」にも大きく分けて三つの種類があります。先に紹介する①と②の2種類のドリブルの判断基準となるのは、相手の守備範囲の中を突破しているか、守備の境界をトップスピードで通過しているかという点です。対峙する守備側の選手は個々それぞれに、足や体を使いドリブルの阻止を可能にする「間合い」を持っていますが、この相手の間合いに侵入しながらも相手に触れさせないようにボールをコントロールし突破するのが一つ目の「間合いを突破するドリブル」です。次に相手の間合いには深く侵入せずその境界をスピードで通過するのが「スピードで抜くドリブル」です。さらにこの二つとは違い、ボールを奪うために自分の間合いに飛び

抜くドリブルが得意な選手

イニエスタ — 抜くドリブルの中でも、間合いを突破するドリブルが得意なイニエスタ。

ヘスス・ナバス — 抜くドリブルの中でも、スピードで突破した方向へ進むドリブルが得意なヘスス・ナバス。

クリスティアーノ・ロナウド — 抜くドリブルの中でも、スピードで相手の背後に抜けるドリブルが得意なC・ロナウド。

メッシ — 複数のドリブルを駆使して、変幻自在のスーパープレーを見せてくれるメッシ。

込んでくる相手の逆を突いて突破するのが三つ目の「迎えて抜くドリブル」となります。

❶ 間合いを突破するドリブル

②のスピードで抜くものよりも、「相手を抜く」という言葉が純粋に表現されるのがこのドリブルです。相手の間合いに侵入するので、相手がボールを奪う動きよりも速く、正確に突破に結びつけるボールコントロールを行うことが必要です。

このドリブルのメリットは突破するまでの難易度が高い分、突破後に

Conducción y Regate

は相手を背後に置き去りにできることです。ドリブルをする選手への後方からのチャージは警告や退場に直結するため、背後で遅れをとった相手は完全に無力化します。プロの試合でも抜かれた後のディフェンダーが何もできずにドリブルをする相手を追走しているのはファウルを恐れているからです。選手ではイニエスタがこのドリブルの名手といえるでしょう（図13）。

階層分けされているスペインのリーグ戦では、この能力に長ける選手は上のリーグから引き抜きに合う対象となるため、リーグの中で飛び抜けたドリブラーを擁するのは最終的に各年代でもっとも上位のクラブであるといえます。

❷ スピードで抜くドリブル

サッカーの選手は、体格や手足の長さ、スピードや柔軟性などの要素によって、各々、守備の射程距離ともいうべき「間合い」を持っています。スピードで抜き去るドリブルではこの間合いに侵入せずにその境界を突破します。そして突破後にどのような進路を取るかによってこのドリブルはさらに二つのタイプに分けられます。

▶ 相手の背後に抜ける

相手をマークする選手はボールとゴールを結ぶ一直線上に立ち攻撃側の選手に対峙することがセオリーです。スピードで相手を抜き去るドリブルの一つは、相手の間合いの境界を突破後、このボールとゴールを結ぶ直線上に入り込むコースを取ります。クリスティアーノ・ロナウドが得意とするのがこのタイプですが、相手を迂回する、すなわち相手より

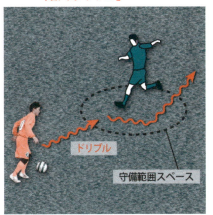

図13　相手の間合いに侵入して「抜くドリブル」

世界最先端！スペインサッカーに学ぶ『運ぶドリブル』と『抜くドリブル』の基本

図14　相手の間合いを迂回し、背後にスピードで入り込む「抜くドリブル」

図15　相手の間合いを迂回し、スペースにスピードで抜け出す「抜くドリブル」

も長い距離を走行しても追いつかれないスピードが必須です。この特性をもった選手のドリブルは爆発的なスピードでゴールに向かい、シュートに直結する可能性が高いので相手にとっては脅威となります（図14）。

▶突破した方向に進む

　もう一つのドリブルが、ピッチサイドでの突破のように前線にできたオープンスペースへと抜けるものです。相手をかわした後、直接ゴールに向かわず、敵と並走する方向へ直線的に抜けていきます。敵の間合いを迂回した後にゴールに向かうもう一つのドリブルよりも、相手を引き離しやすいのが特徴です。選手ではヘスス・ナバスがこのタイプの名手で、一瞬の切り返しで相手を振り切った後、オープンスペースからセンタリングを上げるプレーが有名です（図15）。

　いずれの場合もドリブルをスタートする前に相手の逆を突く動作があればよりアドバンテージを得られます。また、相手の間合いに侵入しないドリブルでは、相手が追走の準備を取れる距離的余裕があるため、このドリブルを成功させるには、より単純に相手を上回るスピードを持っていることが重要となります。

Conducción y Regate

❸ 迎えて抜くドリブル

　試合を構成する選手のレベルが近い2チームが対戦する場合、抜くドリブルはチームの中でも1〜3人ほどの少数が使用できるかどうか、という難易度の高いプレーになります。それは攻撃側と守備側の双方の運動能力が拮抗しているためです。しかし、その場合でもある状況下では、ドリブルで相手を抜ける可能性が普段よりも高まります。それは守備側の選手がボールを奪いに来た瞬間です。

　同じ速さを持つ2人の選手が単純に向き合った状態では、ドリブルで抜け出せる可能性はあまりありません。しかし、そんなマッチアップでも、守備側の選手がボールを奪うために先に動き、ボール保持者の間合いに飛び込んできた時は、それをかわすことで一気に抜き去れる可能性が高くなります。これは物理の法則からもわかる通りです。例えば2のスピードで向かってくる相手に対し、同様に2のスピードで抜きに掛かれば、守備側の選手が体感するスピードは2ではなく、総和の4となり、ディフェンダーは反応しきれなくなるのです（図16）。

　一方では、このように相手がボールを奪いに来た状況ですらドリブルで抜け出せない選手は、試合を通して1対1の局面で相手の守備に押されることになります。そして、その選手のポジションが相手の攻撃の突破口になってしまう危険性も出てきます。つまり、こういった状況で、どのように対応できるかがその選手のレベルを見極める判断材料になるのです。

　抜くドリブルの中では「間合いを突破するドリブル」や「スピードで抜くドリブル」よりも先に、実戦で

図16 相手が飛び込む動きを迎えて「抜くドリブル」

ディフェンダーが「2」のスピードでチェックに来るとしたら…

同じスピードで抜きに行っても対抗し合うスピードの反作用で相手にとっては倍以上の体感速度となる。

世界最先端! スペインサッカーに学ぶ「運ぶドリブル」と「抜くドリブル」の基本

L'Hospitalet（オスピタレット　スペイン3部）の練習風景

の使用頻度が多いこの「迎えて抜くドリブル」を先に習得すべきでしょう。スペインではこの「迎えて抜くドリブル」は一つの技術としての名称はありませんが、小学生年代からゲーム形式の練習でこの能力が重視されています。

例えば2チームに分けたゲーム形式の練習で、パスによるボールポゼッションをテーマにしたものでも、守備側がボールを奪いに飛び込んできた場合には、状況に応じて「迎えて抜くドリブル」を行使し局面を打開するプレーが求められるのです。

同じことは守備の立場からもいえます。チームの守備戦術が守備ブロックを形成し相手を待ち構えること

であっても、「この選手は迎えて抜くドリブルができないな」と感じた場合は、ボール保持者に一番近い守備側の選手が詰め寄ってボールを奪いに行くことが暗黙の了解としてあります。

一方で日本ではJリーグの試合を見ても、「監督の指示で相手に詰め寄る」動きはあっても、それぞれの状況に応じて選手がボールを奪いに行く判断をすることは少ないように思えます。このような守備の中でのプレーが当たり前となった選手は、スペインの例のように臨機応変な判断でプレッシャーをかけられる場が少なく、国際試合などでは、相手の対応に戸惑ったプレーを見せてしま

Conducción y Regate

うことになります。

各ドリブルの難易度

こ␣こまで触れてきた複数のドリブルですが、実際の試合では一つのドリブルから他のドリブルに移行する形で使用されることも多くあります。

　この点に注目すると2009年以降、幾度も世界最優秀選手賞『FIFAバロンドール』を受賞しているメッシが異彩を放っていることがわかります。多くの選手が１種類のドリブルを得意としている一方で、メッシはこれら複数のドリブルを全てトップレベルで実践できる能力を有しているからです。まるでスキーのスラロームのように、相手選手の間を抜けていくドリブルがメッシの持ち味ですが、これは陽動のドリブルから始まり、スピードで抜くドリブル（突破した方向に進む）を経て、最後は間合いを突破するドリブルで完全に抜け出してシュートに持っていくという変幻自在のスタイルです。ここに仲間との壁パスの選択肢が加わるのですから、守備陣にとっては止めるのが最も困難なフォワードといえるでしょう（図17）。

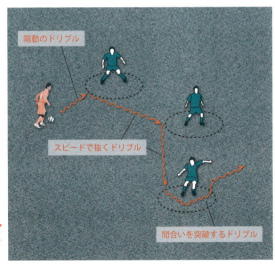

図17
変幻自在なメッシのドリブル

複数のドリブルの併用

日本でいう「ドリブル」は、運ぶドリブルと抜くドリブルに分類できることについて説明してきましたが、スペインではさらに細かいタイプ別の難易度や使用頻度、重要度も実戦経験からのフィードバックで、よく整理され理解されています。

難易度は易しい順から、「キープするドリブル」＜「トップスピードのドリブル」＜「陽動のドリブル（※）」＜「迎えて抜くドリブル」＜「スピードで抜くドリブル」≦「間合いを突破するドリブル（※）」となります。

難易度が低いドリブルは、同時に実戦での使用頻度が高いものであるともいえます。そう考えると、サッカーをし始めた小学生年代の選手に最初に教えなくてはいけない技術は、「スピードで突破するドリブル」や「間合いを突破するドリブル」ではなく、「ボールをキープするドリブル」であることがわかります。

※「陽動のドリブル」は状況を分析し的確なパスを繰り出す能力が必要なので、一概に「抜くドリブル」との優劣はつけられない点があります。また「スピードで抜くドリブル」と「間合いを突破するドリブル」は能力の違いという面もあるので同じく優劣がつけられない部分があります。

ジュニアユースU-14
Sant Gabriel(サン・ガブリエル) vs Vilassar de Mar(ビラサル・デ・マール)

Conducción y Regate

Chapter 3

親善試合　Damm（ダム　U-18）vs Jupiter（フピテル　スペイン5部）

ドリブルは特化した練習だけでは上手くはならない

日本では小学生年代に、リフティングやドリブルなど多くの個人練習を行ないます。それはボールの扱いが上達することこそが1対1の強さを上げることだと考えられてきたからでしょう。しかし、外から誰にも邪魔されないリフティングは練習さえすれば誰でもある程度上手くなるものであり、リフティングが上手いこととサッカーが上手いことは別物です。同じくドリブルの練習も、スペインでは1対1の状況に絞った練習が試合で発揮できる実力には、あまり直結しないと考えられているので、そのような練習も多くは行われません。

スペインでは10才以下の選手には、ウォーミングアップで非対人・対人ドリブルを実践させます。初期段階では技術習得の要素が強く、それ以降はウォーミングアップの要素が強くなります。この段階の練習は日本でもおなじみのマーカーの間を通過するものや、他選手との鬼ごっこなどがあります。

世界最先端！スペインサッカーに学ぶ『運ぶドリブル』と『抜くドリブル』の基本

筆者が指揮していた L'Hospitalet（オスピタレット）U-14。

　しかしスペインでは「個人技術を完成させてからグループ練習へ」という考えで、ひたすら個人の反復練習に励むということではなく「グループとして試合に役立つプレーを習得する」ことが優先されるので、ウォーミングアップでドリブルの練習をした後はボールポゼッションなどグループ練習に移行するのです。中学、高校生年代ともなれば、ウォーミングアップからもドリブルが消えパス練習がメインとなります。

　ではスペインではドリブルをどこで鍛えているのでしょうか…？。

　それは、練習の根幹を成すグループ練習の中に、複数のドリブルを実践できる余地を残しておくことで成り立たせているのです。状況によってパスが良いのかドリブルが良いのか、ドリブルならどのようなドリブルが良いのか選手に考えさせる練習を用意します。

　例えば練習の中盤に、終盤のミニゲームに移行できる形で戦術練習を組み込むことが良くあります。条件つきのプレーの中で最終ラインの選手はパスと運ぶドリブルの選択、前線の選手はパスと抜くドリブルを状況ごとに選択できるような練習を組み込むのです。各選手は自分の持ち

Conducción y Regate

L'Hospitalet（オスピタレット）U-14の試合風景。

　場ごとに必要とされている技術を組織プレーの中で反復練習し、最終的にミニゲームという実戦に近い状況でその技術を発揮できるかトライをする、という仕組みです。

　ドリル式の反復練習に比べ、このような方法は一つの技術の反復回数が減るので、特化した技術の習得には遠回りであるように見えるかもしれません。野球であればバッティングの練習を集中的に行うことが、その技術の向上に効果的であることが、日本では広く知られているからでしょう。

　ただ、ここで分けて考えなくてはいけないことがあります。野球などのスポーツでは一つの技術に特化した練習の状況が、実戦でもあまり変わらない状況で出現するのに比べ、両チームの選手が交錯し複数の選手から妨害も受けるランダムな要素が介在するサッカーという競技ではそうではないということに関係しています。要するに他のスポーツではドリル練習が実戦に近い練習として効果的ですが、サッカーではそうとも限らないということになります。

　そして「個人技術を磨いた後でそれを組織プレーに組み込む」という考え方が日本にあるとすれば、スペ

インは正にその真逆に位置しています。彼らは「組織プレーからスタートし、その中で個人技も向上させる」のです。それは彼らの考え方というよりも、これまでの長いサッカーの歴史から培われてきた経験則のようなものなのでしょう。

加えてスペインのサッカー界では朝錬や居残り練習、個人練習はほとんど存在せず練習時間も週に80〜90分×3〜4回が平均的です。メッシやイニエスタを輩出しているFCバルセロナの下部組織でも同様です。その中でサッカーが向上するために重視されているのが、短い練習時間内の集中力と前述のような練習方法なのです。

もちろん日本とスペインでは文化や社会的な違いがあり、トレーニングの環境も異なります。ですので一概にスペインのやり方をコピーするのが良いとは言えませんし、ヨーロッパのやり方は日本には合わないと考える方がいるのも当然でしょう。サッカーの歴史が浅い日本においては、これに限らず選手育成の方法論について、世界レベルで比較できるフィードバックの数も少なく、まだまだ思考錯誤の期間といえるかもしれません。ですから、今後はスペインをはじめ、サッカー先進国から学ぶべきところを学び、日本に合った形を模索しながら実践していくというのが、これからの価値あるトレーニングではないかと思います。

親善試合(スペイン3部)
Espanyol B (エスパニョールB)
vs L'Hospitalet (オスピタレット)

Conducción y Regate

コントロール・オリエンタードについて

最近スペインから日本に輸入されたサッカー用語の一つに、コントロール・オリエンタード（方向づけをしたトラップ）があります。日本では足元にピタリと止めるトラップが良いとされてきましたが、スペインではそのトラップ（コントロール・パラードと呼びます）の重要性と共にこのコントロール・オリエンタードも重視されています。

このトラップは最初のタッチで、自分が次にプレーする方向にボールを流すもので、「ボールを止めてから2タッチ目で方向転換するプレー」に比べ時間が短縮できます。相手に先んじてドリブルやパスを成功するのに必要なポジションを得る助けになるのです（下図）。

ドリブルでは特に「運ぶドリブル」を有利な状況で行うためにこのコントロール・オリエンタードが有効で、ボールをオープンスペースに流すことで守備側から逃れることを可能にしています。試合では最終ラインのディフェンダーがパスを回しながらコントロール・オリエンタードを使用し、守備側のフォワードのプレスをかわすのが多く見られます。

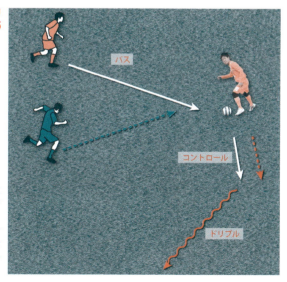

コントロール・オリエンタード（方向づけをしたトラップ）

「運ぶドリブル」を有効に行うためにも、足元にピタリと止めるだけではなく、周囲のスペースや状況に合わせて、トラップに方向をつけたボールコントロールが必要になる。

Conducció

第2章 実践編 個人トレーニング

― ドリブルテクニックをマスターしよう！―
運ぶドリブルと抜くドリブルを使い分けてドリブルレベルをステップアップ

トレーニング監修:川島和彦(JSC CHIBA代表)

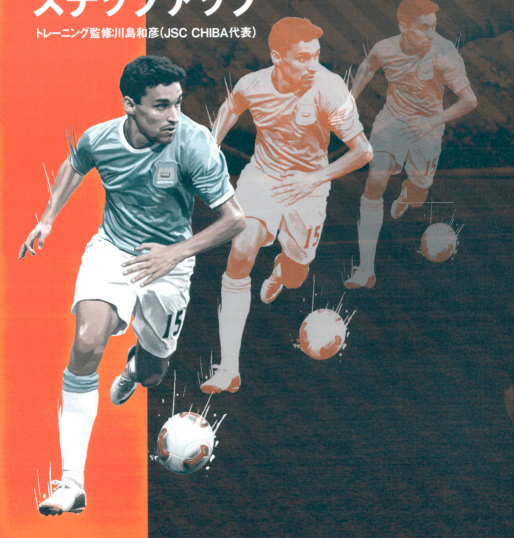

n y Regate

（Conducción＝コンドゥクシオン）と（レガーテ＝Regate）

第2章では、個人練習中心のメニューをまとめています。ここからは実際に1カ月間の練習メニューを通して、「運ぶドリブル」と「抜くドリブル」をマスターできるようにトレーニングをしていきましょう。日本のトレーニング環境、読者の皆さんの使いやすさを考えてスペインのようなグループトレーニング中心ではなく、個人でできるトレーニングを通して、運ぶドリブルと抜くドリブルのコツをつかんでいけるように構成しています。難しいトレーニングもあると思いますが、あきらめずに何度も繰り返してチャレンジしましょう！

運ぶドリブルと抜くドリブルを使い分けてドリブルレベルをステップアップ

「運ぶドリブル」と「抜くドリブル」のトレーニングをはじめる前に

　本編のキーワードである「運ぶ」と「抜く」のドリブルの違いを明確にしてみましょう。

　まず、「運ぶドリブル」で最も意識することは推進力です。距離で言えば長い距離を移動し、方向で言えば主に前後（縦）に移動するイメージです。相手がケアしていないスペースを突いたり、チーム全体のポジションを押し上げることなどに使用していきます。

　それに対して、「抜くドリブル」で最も意識することはボールさばきと身のこなしになります。有利な攻撃をするためのきっかけのプレーであり、方向で言えば左右（横）に移動するか、その場で相手をかわすイメージです。行きたい方向を阻む相手を抜くことで、自分の次のプレーを有利に進めることができます。

　今回のトレーニングプログラムでは、前半の2週間で「運ぶドリブル」、後半の2週間で「抜くドリブル」のトレーニングメニューを組み立てました。

　前半の運ぶドリブルでは、「運ぶ力量アップ」のために最も必要な要素である、ボールコントロールとスタミナを重視したトレーニング内容となっています。いくらフェイントが上手な選手でも最後に斜め前に抜け出すためのボールタッチが縦に流

Conducción y Regate

れてしまえばディフェンダーに取られてしまいます。股関節や膝、足首のスムーズな関節運動と広い可動域を持つことによって理想的なボールコントロールが生まれ、イメージ通りのプレーを行うことができます。また、スタミナがなければ、フェイントのキレやスピードがだんだん落ちてしまい、長い距離を運ぶことができず驚異にはなりません。

後半の抜くドリブルでは、「抜く技量アップ」のために最も必要な要素である、フェイント技の精度とスピード、そして、それを使うタイミングを重視したトレーニング内容となっています。スピードがある選手に対してディフェンダーは、スタートが遅れないよう準備をします。ボールを足裏で扱う引き技が上手い選手に対してディフェンダーは、コントロールのスキを見出そうと考えます。つまり、そのように対応しようとするディフェンダーが過剰に反応してくれれば、むしろ逆を突いて抜きやすくもなるのです。このフェイントとスピード、そして繰り出すタイミングの間合いの取り方が上手くなると突破の成功率が高くなります。

ただし、トレーニングのメニューとして「運ぶ」と「抜く」の違いを示していますが、これはあくまでも技術的な特徴を表す区別化であり、ゲームでは両方できなければ成果は上がりません。運ぶ(進む)と抜く(かわす)ドリブルを明確に分けることで、フォーカストレーニングの価値観を選手自身にも意識してもらえたらと思います。

さらに、全てのトレーニングにおいてスピードとスタミナの強化を意識してください。メニューごとに示したトレーニング時間は原則的に休憩なしで行いましょう。ゲームでボールを運ぶ際に体力は不可欠なのです。

そこで、トレーニングメニューでは、運ぶドリブルのトレーニングを前半で行うことで体の切れが出てくることを狙っています。抜くドリブルのトレーニングを行う際に、スムーズで素早い身のこなしができていればより質の高いトレーニングが実現できるからです。

常にゲームでのプレーを意識してトレーニングをすることで、実戦で使えるドリブルをマスターすることができるでしょう。

お父さんお母さん・コーチの方へ

　ゲームで活躍できるプレーヤーになるためのドリブル特訓メニューを1カ月（4週間）を通してプログラムしました。取り組む選手のモチベーションを考え、だんだん難易度が上がる中で、練習内容の変化も意識しています。

　このプログラムは、単なるドリブル練習方法の紹介ではありません。ドリブル練習という大きな分野を「運ぶドリブル」と「抜くドリブル」の二つに分けて紹介しています。この目的を理解した上で1カ月間このトレーニングを続ければ必ずドリブル力は向上します。

　トレーニングに対する取り組み方ですが、練習メニューによっては難しいものもありますので、成功しないまま終わる日があるかもしれません。でも、翌日にはそれにこだわらず次のメニューに取り組んでください。意識と感覚を体が感じ取ってくれるだけで第1段階としては成功なのです。

　特に小学生に多い傾向ですが、その日にできなかったことでも、数週間後、数カ月後にある日突然できるようになっていることがあります。

　全てのプログラムが終了してから、できなかったメニューに再挑戦したり、逆に得意になりそうなメニューに磨きを掛けたりと復習することをお勧めします。今回は、1人でできる個人練習メニューを中心に構成しましたが、友達と2人で一緒に練習を頑張ることも良いと思います。緊張感が増して良い効果が出ることが前提です。

　また、サッカーコーチの方のために2人組トレーニングとグループトレーニングの練習方法も第3章で紹介しています。同じような練習環境で、運ぶ力量アップのトレーニングと、抜く技量アップのトレーニングができることをわかりやすく紹介させていただきました。似たようなトレーニング方法でも、視点と求め方によって全く違うトレーニングになります。求め方によって獲得できるモノが違うという価値観を持っていただき、工夫してトレーニングに取り入れていただければ嬉しく思います。

――JSC CHIBA代表　川島和彦

Conducción y Regate

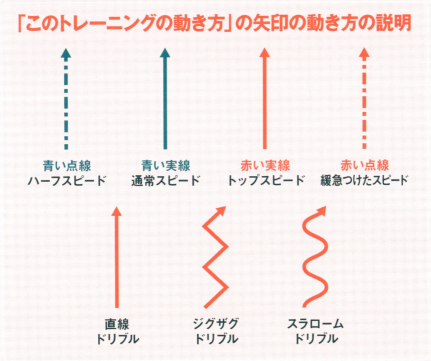

「このトレーニングの動き方」の矢印の動き方の説明

青い点線
ハーフスピード

青い実線
通常スピード

赤い実線
トップスピード

赤い点線
緩急つけたスピード

直線
ドリブル

ジグザグ
ドリブル

スラローム
ドリブル

ウォーミングアップ

練習前のウォーミングアップで
ボールタッチの感覚を確かめる

個人練習

基本のジグザグドリブル

練習時間：20分
スピード：通常スピード

menu 縦に並べたコーンの間を、インサイド、アウトサイド、ソール（足裏）のそれぞれで正確にボールコントロールをしながらドリブルで進む。蹴り足は自由で、ボールタッチは限定しない。

このトレーニングの動き方

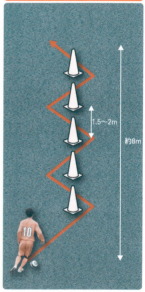

1.5〜2m / 約8m

①インサイドだけ使ったドリブル

インサイドだけを使ったドリブルでコーンの間をジグザグに進んでいく。正確なボールコントロールを意識しながら、できるだけ速く進むようにしよう。

足の内側を広く使いながらボールを前に押し出すと、より正確なタッチができる。

常に体の前にボールをキープしておけるように、ボールタッチの強弱に意識する。

warming up

②アウトサイドだけ使ったドリブル

アウトサイドだけを使ったドリブルでコーンの間をジグザグに進んでいく。切り返すように鋭角に曲がることを意識しよう。

アウトサイドでのドリブルは股関節を大きく横に開きボールを押し出すイメージ。

足の外側を広く使いながらボールを横に押し出すと、より正確なタッチができる。

③ソール（足裏）だけ使ったドリブル

ソールだけを使ったドリブルでコーンの間をジグザグに進んでいく。足裏での感触をつかみながら、ボールをスムーズに転がして進む。

足裏でも、つま先寄り、かかと寄りなどボールタッチする場所を変えたドリブルもしてみよう。

ソールを使うドリブルは、足元を見なくてもボールの位置がわかりやすい。顔を上げて進めるよう意識しよう。

ウォーミングアップ

STEP UP TRAINING

正確なボールタッチができるようになったらフェイントも取り入れていこう！

正確なボールタッチができるようになり、ドリブルスピードが上がってきたら、徐々にフェイントも取り入れながら練習をしてみよう。コーンをディフェンダーに見立てて実際に抜き去るイメージで動いてみよう。

シザース

またぎフェイントともいわれるように、ボールをまたぐ足の正面に置き、内側から外側に足を回すようにまたぐ。その後、左右どちらかにボールを押し出すようにして相手を抜く。

ステップオーバー

ボールをまたぐ足の正面に置き、外側から内側にボールをまたぐ。インサイドでボールにタッチするように見せてアウトサイドで押し出す。左右に大きく体を動かすことで相手を誘う。

エラシコ

アウトサイドでボールの内側をタッチして、すかさず同じ足のインサイドで切り返す。アウトサイドのタッチは膝から前に出るようなイメージで行い、左右への振りを大きく見せる。

マシューズ

インサイドでボールの外側を軽くタッチして、同じ足のアウトサイドで逆方向へ切り返す。バランスを崩さないように、体の重心を左右に大きく移動させる。

ボールタッチの確認は、練習前に毎回必ず繰り返し行う。ストレッチで、膝や足首、股関節を柔軟にしておくことも忘れずに。

1st Week
Conducción

第**1**週スケジュール

*1*日目
運ぶドリブル①ボールタッチによる回転を意識したフリードリブル

直進ドリブル／スラロームドリブル①インサイド
スラロームドリブル②ソールスラローム／タッチ限定ジグザグドリブル

運ぶドリブル②まっすぐに速く進むドリブルでトップスピードでのコントロールを磨く！

狭進直進ドリブル／狭進直角ダブルタッチ

*2*日目
運ぶドリブル③移動幅を変えてダブルタッチで左右に切り返す

ダブルタッチ①幅広ドリブル／ダブルタッチ②幅狭ダブルタッチ

*3*日目
運ぶドリブル④斜め後ろドリブルで、ディフェンダーとの距離を保つ

斜め後ろにドリブル

*4*日目
運ぶドリブル⑤緩急を意識したドリブルでディフェンダーを翻弄する

緩急ドリブル

運ぶドリブル⑥足元を見ないドリブルで安定したボールタッチを身につける！

曲線ドリブル

*5*日目
運ぶドリブル⑦斜め前ドリブルで、ドリブル移動に幅を持たせる

斜め前にドリブル①アウトサイド
斜め前にドリブル②ソールでのローリング

*6*日目
運ぶドリブル⑧シザース・フェイントでディフェンダーをかわせ！

シザース／シザース×2（ダブル）

*7*日目
運ぶドリブル⑨フリードリブルでスムーズなボールタッチを身につける

フリードリブル

運ぶドリブルトレーニング①

ボールタッチによる回転を意識したフリードリブル

個人練習

直進ドリブル

練習時間：8分
スピード：ハーフスピード

menu インステップでは逆回転、アウトサイドでは横回転がかかるようにボールタッチに意識を置きながら、8mほど、片足だけで直線的にボールを運ぶ。

リズミカルなタッチでインステップ

インステップの状態からボール側面〜下方に足先を差し込むようにして蹴り出す。すると、ボールに逆回転がかかり、体との距離を保ちやすくなる。タッチ時の力の加減を体でつかもう。

ボールの下の方を蹴ると逆回転がかかる。

アウトサイドを使ったボールコントロール

蹴り足の外側の広い面でボールに横回転を加えながら前に進む。常にコントロールしやすいように、ボールと体との距離は最大1mくらいに保つ。

蹴り足をつま先方向に動かし、小指からくるぶしの手前でボールに横回転をかける。

このトレーニングの動き方

約8m

トレーニングのツボ ボールをまっすぐ前に出し続ける。ボールと体が離れすぎないように注意する。

Conducción

| スラローム
ドリブル① | **インサイド** | 練習時間：8分
スピード：ハーフスピード |

menu ディフェンダーがいることをイメージして、インサイドだけを使い両足で（クネクネと蛇行する）スラロームドリブルを8mほど繰り返し行う。慣れてきたらスピードを徐々に上げていく。

このトレーニングの動き方

約8m

足下のボールばかり見て姿勢が前屈みになってしまうと、周囲の状況への急な対応や情報収集ができなくなる。

STEP UP TRAINING

ダブルタッチ（P54〜57）も取り入れてみよう！

インサイドのボールコントロールに慣れてきたら、ダブルタッチもドリブルの途中に取り入れてみよう。このトレーニングでは、コーンなどの障害物は使わないが、ダブルタッチでリズムを作り、自分の頭の中でディフェンダーの間をスムーズに抜けていくイメージをもって練習しよう。

上半身が上下しないように、スムーズにターンしよう。

ボールを見過ぎて前屈みにならないよう上体を起こしてボールを扱おう。

運ぶドリブルトレーニング①

第1週1日目

スラロームドリブル② ソールスラローム

練習時間：8分
スピード：ハーフスピード

menu それぞれの足の裏でボールの感触をつかみながら8mほどスラロームを繰り返す。しっかりと軸を安定させて、上体が安定したまま進めるように注意する。

このトレーニングの動き方

約8m

ボールをソールで転がす時は体の安定性が重要になってくる。上体のバランスを崩さないようにするため、軸足の関節を柔らかく使えるように意識する。

STEP UP TRAINING　ルーレットも練習に取り入れてみよう！

ハーフスピードでドリブルしながら、コーンとの距離を詰める。

左右の足を入れ替えてボールを後ろに引きながら360°回転。

方向転換したら、重心を低くしてスピードは落とさずにそのまま次の行動に入る。

トレーニングのツボ

ソールを使ったドリブルは、股関節を大きく柔軟に開閉し、可動域いっぱいに使う。

Conducción

 タッチ限定 ジグザグドリブル

練習時間：15分
スピード：トップスピード

menu インサイド、もしくはアウトサイドとタッチを限定。トップスピードで8mほどジグザグドリブルを繰り返す。

①インサイドだけ使う

強目のボールタッチを繰り返しながら、素早く移動していこう。切り返す時のインサイドタッチでボールに逆回転をかけると、より安定してドリブルを続けられる。トップスピードで一気に駆け抜けるイメージで練習しよう。

このトレーニングの動き方

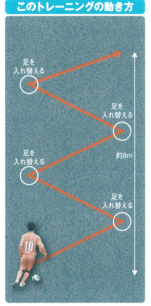

②アウトサイドだけ使う

進む方向を切り替える時はボールの斜め上から鋭く切るイメージで、ボールの角度を変える。繰り返し練習して感覚をつかもう。膝のクッションを上手に使って切り返すことで、体全体の移動がスムーズになり、ボールタッチのテンポも速くなる。

蹴り足の使い方

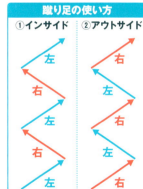

 トレーニングのツボ ボールタッチのテンポを速くしながら体の移動も素早くし、スピード感を意識。

運ぶドリブルトレーニング②

まっすぐに速く進むドリブルでトップスピードでのコントロールを磨く!

個人練習

狭進直進ドリブル

練習時間：15分
スピード：トップスピード

menu 横幅を狭く配置したコーンの間を、まっすぐにボールコントロールしながら、トップスピードのドリブルで駆け抜ける。

正確なタッチを保ったままスピードUP

このドリブルの基本は顔を上げて、片足だけでまっすぐに進むこと。力が入ると動きがぎこちなくなるので、力みすぎないように。感覚がつかめたら、だんだんコーンの幅を狭くしていく。反対側の足でも練習しておこう。

このトレーニングの動き方

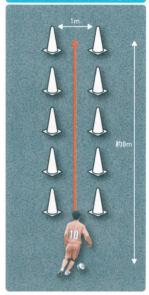

1m / 約8m

ボールをコントロールしながら、走り方（フォーム）を安定させることも意識する。

トレーニングのツボ
いろいろな面や角度でボールに触り、より正確に速く直進できるタッチを見つける。

Conducción

狭進直角ダブルタッチ

練習時間：15分
スピード：トップスピード

menu 横幅を狭く配置したコーンの間をトップスピードでまっすぐにドリブルで進み、ダブルタッチで直角に進路変更する。

このトレーニングの動き方

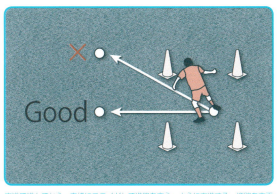

直進で進んでから、真横にスライドして進路を変え、さらに直進する。進路を変更する際のダブルタッチでボールを斜め前に蹴らないように注意しよう。

真横へのダブルタッチ

二つ目のコーンまではドリブルでまっすぐに進み、三つ目のコーンの手前で右足のインサイド部分の幅を広く使ってボールを引きずるようにタッチ。そのまま体ごと真横に滑るようなイメージでスライドして、ボールを左足へ渡す。このダブルタッチの動作でコーンを超えたら、すぐに左足のインサイドで軽くタッチし、そのままスピードに乗ってドリブルを続けよう。三つ目のコーンのところにはディフェンダーがいるように想定して、実際にそのディフェンダーをかわすように練習してみよう。

体を素早く左右に移動させるので、前傾姿勢にならないように上体を起こす。左右どちらにもダブルタッチで移動できるよう練習する。

トレーニングのツボ スピードを落とさずに進路変更を成功させる。ダブルタッチの正確さを身につける。

運ぶドリブルトレーニング③

第1週 2日目

個人練習

移動幅を変えてダブルタッチで左右に切り返す

 ダブルタッチ① 幅広ダブルタッチ

練習時間：15分
スピード：トップスピード

menu 幅を広くとって並べたコーンの間を、ダブルタッチを使って左右に大きく動きながらトップスピードで前進していく。

このトレーニングの動き方

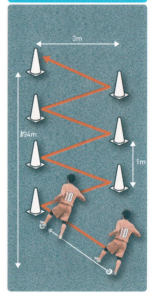

3m / 約4m / 1m

リズミカルなボールタッチを意識する

ボールを浮かさないようにしながら、斜め前のコーンに向けてダブルタッチで移動する。上体が遅れないように素早いリズムでダブルタッチを繰り返していこう。左右の足の切り替えを速くして、タッチのリズムを速くすることがポイント。コーンの近くギリギリまで、ダブルタッチで大きく横移動する感覚が身につけば、さらにスピードアップできる。リズムとスピードを意識して練習しよう。

右足下のボールを横っ飛びしながら左足に受け渡す。横にスライドして動くイメージ。

Conducción

ダブルタッチのリズムを体で覚える

このトレーニングでは、ダブルタッチをリズミカルに行うことが重要になる。斜め前のコーンに対して、体を真横に飛ぶように動かしてインサイド部分でボールを押し出す。股関節を柔らかく使って、押し出したボールを逆足のインサイドで受け止める。この流れを、速いリズムで刻めるように意識して練習しよう。

STEP UP TRAINING

ディフェンダーを横にかわす

ディフェンダーが前から飛び込んできた時、ダブルタッチで横飛びして、ボールと一緒に横移動することで、ディフェンダーを一気にかわし置き去りにすることができる。ダブルタッチのスピードを維持したまま次の動作に移ることがポイント。

ディフェンダーを見ながら、低空で横に飛ぶようにインサイドタッチ。

逆足のインサイドで受け取りながら、スピードを維持して前に進む。

トレーニングのツボ　低空で横っ飛びするようにタッチして、着地と同時に逆方向に飛ぶ動作を連続する。

運ぶドリブルトレーニング③

ダブルタッチ② 幅狭ダブルタッチ

練習時間：15分
スピード：トップスピード

menu 幅を狭くして並べたコーンの間を、ダブルタッチを使って左右に小刻みに動きながらトップスピードで前進していく。

このトレーニングの動き方

タイムを計ってスピードを上げることを意識する

大きな動きにならないよう、股関節の動作範囲を最小限にしてダブルタッチを行う。左右の小さな動きになるので、できるだけ素早く切り替えができるように意識する。連続してリズミカルにボールをタッチして斜め前方に進んで行く動きを体に覚え込ませよう。1回1回止まらずにスピードを維持し、コーン間を1秒でクリアできるようにしよう。

狭い範囲で素早いダブルタッチを繰り返すことによって、より細やかなボールコントロールを体に覚え込ませることができる。スピードを意識しすぎると前傾姿勢になってしまい、体の軸がぶれてしまうので気をつけよう。だんだんとスピードを上げて練習する。

Conducción

周囲との距離感に気をつけてタッチしよう

ダブルステップを行う間も上体を起こし視野を確保できるように注意しよう。視野を確保することで、密集したスペースでもディフェンダーの足が届かない位置まで移動しながらボールをキープできるようになる。相手から離れてキープできれば、それだけ安心して次の動きに移れるので、ぜひ身につけよう。

狭いスペースでも軽快にダブルタッチで相手をかわせる姿勢を保つようにしよう。

猫背にならないように注意。胸を張って上体を起こすと、スピードアップにつながる。

STEP UP TRAINING

ダブルタッチの前にソールでのタッチを加える

ダブルタッチの動作の中にソールでのタッチをプラスしてみよう。ソールでボールを外側に半回転ほど転がす動作を入れてからダブルタッチを行うことで、リズムと動作に変化が加わる。ソールでのタッチは不規則に加えることでより効果が高まる。細かな動きになるが、繰り返し練習して身につけよう。

足元の動きを意識しすぎるあまり、前傾姿勢になって体の軸がぶれてしまわないように気をつける。

素早いリズムで狭いスペースを移動できるように姿勢を保ってタッチを調整しよう。

運ぶドリブルトレーニング④

斜め後ろドリブルで、ディフェンダーとの距離を保つ

斜め後ろにドリブル

練習時間：20分
スピード：通常スピード

menu 視線は前方に向けたまま、斜め後ろにドリブルで下がるトレーニング。相手や味方の位置など、周りの状況を見られるようになろう。

このトレーニングの動き方

約8m / 3m

体は斜め後ろを向くようにして、ボールをコントロールする。ボールをキープしながら前後に首を振って周囲の状況を確認する練習をしよう。

ボールはいつも足下にキープ

後方に下がりながら周囲に気を配り、いつでも状況の変化に対応できる状態をキープするのがポイント。アウトサイド、インサイド、ソールを使いながら、ボールは常にコントロールできるように注意しよう。

ボールは常に足元に置いて、すぐに扱えるように注意してドリブルする。

写真のようにすぐに触れない位置にボールを置いてしまうと、対応が遅れてしまうので気をつける。

Conducción

それぞれの股関節の動き

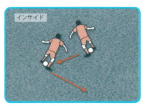

インサイドタッチの場合、股関節を開き、前後の足でボールを受け渡すようにしよう。

アウトサイドタッチの場合、股関節を内側にして向けて、外側に押し出すイメージ。

ソールでボールを扱う場合は、股関節を柔らかく使ってしっかりと転がそう。

ソールを使った後ろドリブル

斜め後ろに進むためには、ボールを引く時に真後ろに引くのではなく、きちんと斜め後ろ方向に引くのがポイントになる。右足のソールで引く時は左後ろに、左足のソールで引く時は右後ろにボールを転がして、正確な方向に下がっていこう。

スピードを維持したまま、なめらかに転がしていくには、ボールに合わせて重心を移動させることが重要になる。

STEP UP TRAINING

いつでも正面を向いてダッシュできるようにしておく!

後方に下がることで相手との距離を確保しながら、相手のスキをつく準備をしよう。相手が油断した状態なら、いつでも正面を向いて、前に出て、すぐに攻撃できる体勢をキープしておくことが大切だ。

バランスを崩さずに、いつでも体の向きを変えられるようにしよう。

初めのうちはボールを使わずに、体だけ動かして練習し、コツをつかもう。

運ぶドリブルトレーニング⑤

第1週 4日目

緩急を意識したドリブルでディフェンダーを翻弄する

個人練習

緩急ドリブル

練習時間：20分
スピード：緩急つけたスピード

menu パスコースを探すような緩やかなボールキープから、一気にスピードを上げて大きく切り返し、次のコーンへ移動する。足の各部のタッチを使って行おう。

このトレーニングの動き方

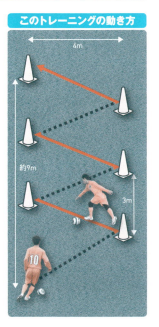

4m / 約9m / 3m

①ソールからアウトサイド

足首を柔らかく使い、ソールでボールをなでるように転がしながらゆっくりコーンに進む。コーンの位置で、同じ足のアウトサイドを使って一気に加速しながらターン。

Conducción

②インステップからインサイド

インステップでのドリブルから急に右足のインサイドで左方向に切り返し、左足のインサイドでドリブル。

③アウトサイドからインサイド

足を大きく開いて、ゆったりとアウトサイドで押し出しながらドリブル。同じ足のインサイドで切り返し、そのままドリブルにつなげる。

STEP UP TRAINING

急な加速からバランスよく急ストップする

慣れてきたら、急な加速のあと、急なストップも加えてみよう。急な加速からストップする時は、勢いで頭が前に突っ込んでしまわないように、体の重心をしっかりとコントロールしよう。

止まった後は重心を振り子のように移動しながら、再始動する。

急加速は膝が主導し、股関節を進行方向に向けて大きく開いて踏み出す。

運ぶドリブルトレーニング⑥

足元を見ないドリブルで安定したボールタッチを身につける!

個人練習

曲線ドリブル

練習時間：15分
スピード：ハーフスピード

menu 視線を前方に意識的に固定し、範囲内をいろいろなタッチで曲線的に移動する。

このトレーニングの動き方

直径3〜5m

視線は前方に向け、胸を張ってしっかりと前を見よう。写真のように足元を気にして前傾姿勢になってしまわないように気をつける。

タッチを工夫して縦横無尽に動こう

直径3〜5mの円をイメージして、その範囲から出ないようにいろいろなボールタッチでドリブルをする。慣れてきたら円を狭めてスピードを上げていこう。曲線的にボールを扱うことで、よりしなやかなタッチを身につけられる。

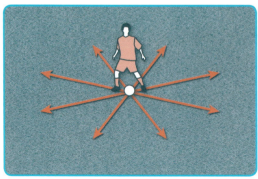

Conducción

関節をいろいろな方向に動かせるように意識しよう

股関節、膝、足首を回したり伸ばしたりして、可動域を広げ関節を柔らかく使えるようにしよう。関節を柔軟に使うことができれば、不利な体勢でもボールタッチが可能になっていく。ただし、足元に気を取られて前傾姿勢になってしまわないように気をつけよう。

股関節を前後に大きく開いて使う

股関節、膝、足首を内側に回して使う

股関節、膝、足首を外側に回して使う

このトレーニングのポイントは、いかに関節を柔らかく使えるかという部分にある。普段の練習から、股関節や膝、足首を入念にストレッチしたり、可動域を広げる意識を持って動作することで、関節を柔らかく使えるようになる。関節を柔らかく使えれば、しなやかな動作がスムーズにできるためプレーの幅が広がるし、何よりも怪我の予防につながる。

STEP UP TRAINING

かかとでのタッチを鍛えよう！

練習に慣れてきたら、かかとを使ったタッチも取り入れていこう。かかとにボールをひっかける感覚をつかんで、体の後ろでボールを扱えるようになろう。ボールの中心を蹴るとコントロールの安定感が増す。足元を見ずにボールの中心を正確にタッチできるように練習しよう。

前を向いたまま、かかとを使って体の後ろでボールタッチする。

逆の足のかかとでも練習して、両方の足でタッチできるようになろう。

トレーニングのツボ
足の関節をいろいろな角度に動かそう。胸を張って視線を高く保ち、周囲をしっかり見るようにしよう。

運ぶドリブルトレーニング⑦

斜め前ドリブルで、ドリブル移動に幅を持たせる

個人練習

斜め前にドリブル① **アウトサイド**

練習時間：15分
スピード：トップスピード

menu 両足のアウトサイドだけを使ったタッチで、ボールの勢いと方向を調整して、トップスピードで斜め前にドリブルをしていく。

このトレーニングの動き方

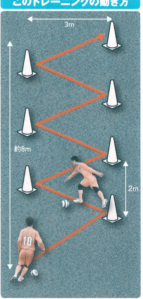

軸足をボールの外側に置いて方向転換する。蹴り足はアウトサイドを幅広く使って、押し出すと安定する。

強さと角度に気をつけてタッチする

コーンとコーンの間を素早く移動するためにはタッチの強さと角度も調整して正確に押し出そう。アウトサイドの場合は、蹴り足の膝が進行方向に向いていると動きがスムーズになるので、意識してみよう。

トレーニングのツボ

蹴り足の膝を進行方向に向け、ボールスピードをコントロールしてタッチする。

Conducción

斜め前にドリブル② ソールでのローリング

練習時間：15分
スピード：通常スピード

menu ボールをソールでなでるように合間なく転がしながら（ローリング）、ハーフスピードでジグザグにターンしながら進んで行く。左右どちらの足でも練習しよう。

両足をバランスよく使った練習

利き足だけでなく逆側の足とバランスよく切り替えよう。ボールに触れていない時間がないように、常にボールタッチ。足首を柔らかく使って、ボールの頭をなでるようにしながら転がして進む。視線を上げて進行方向を見ながら行おう。

ボールの頭を連続してなでるようにしてタッチするには、足首を柔軟に使うことが大切。

ボールの動きに集中して視線が下がり体がぶれないように、重心を落としてバランスを保つ。

足先が下がった状態では、ボールを真上から押さえてしまう形になり、なめらかにコントロールできなくなってしまう。しっかりとつま先を上げて角度をつけて、ボールを押さえこまないようにしながらタッチして転がしていこう。

このトレーニングの動き方

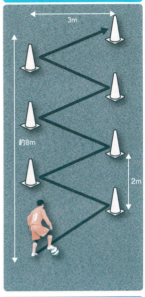

3m / 約8m / 2m

蹴り足の使い方

①右に向けて右足から　②右に向けて左足から

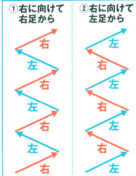

トレーニングのツボ

膝下だけで行わず、股関節を柔軟に動かして進もう。

運ぶドリブルトレーニング⑧

第1週 6日目

シザース・フェイントでディフェンダーをかわせ！

個人練習

シザース

練習時間：15分
スピード：緩急つけたスピード

menu ボールをアウトサイド方向にまたぎ、逆足のアウトサイドを使って一気に抜け出すシザース。両足どちらからでも、またぎから逆足アウトサイドの押し出しまでの流れをスムーズに行えるようにしたい。スピードの緩急をしっかりとつけるよう意識して練習しよう。

このトレーニングの動き方

左へ　右へ　シザース

またぎから次のタッチまでが一連の動作となるように

1 ボールはフェイントを行いやすい位置に。

2 片足を大きく外側に回しボールをまたぐ。

3 前傾姿勢にならないように気をつける。

トレーニングのツボ

開く→閉じる→ボールと一緒に斜め前に開く股関節の使い方を意識しよう。

Conducción

シザース×2（ダブル）

練習時間：15分
スピード：緩急つけたスピード

menu シザースを繰り返し、左右への方向転換を繰り返す。アウトサイドの押し出し時は、一気にスピードを上げる。

このトレーニングの動き方

上体をまっすぐに保つ

またぐ時は、頭が前に突っ込んだり、足だけ先行して上体が遅れたり（写真）しないように。

ボールをまたいだ後、着地した足を素早くたたんで、逆足のアウトサイドにボールをつけてタッチする。斜めに股関節を開きながらボールを運び、体の重心を移動させよう。アウトサイドで押し出した足を一歩目に、そのままドリブルにつなげるボールの運び方がポイント。

4 → 大きく股関節を開いて…

5 → またいだ足を着地し、軸足に変える。

6 → 逆足のアウトサイドで押し出す。

トレーニングのツボ　1回目、2回目をまたぐ足を交互にする。またぐ足の動きで、ディフェンダーを左右に揺さぶろう。

運ぶドリブルトレーニング⑨

第1週 7日目

フリードリブルでスムーズなボールタッチを身につける

個人練習

フリードリブル

練習時間：15分
スピード：通常スピード

menu
ランダムに並べたコーンの間を、両足のいろいろなタッチでスムーズにスピードに乗って運んでいく。コーンがない場合でも、小石や小枝などを障害物に見立てて練習しよう。

このトレーニングの動き方

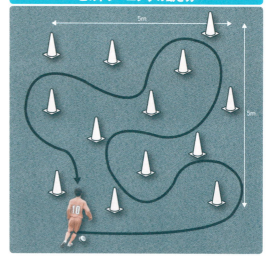

フェイントをまぜながら自由にドリブルしよう

バランスよく両足を使って、さまざまなタッチでスムーズにボールを運ぼう。得意な部分でのタッチばかりにならないように気をつけて、タッチとフェイントに変化をつけて練習する。

コーンをディフェンダーに見立てて、いろいろなタッチやフェイントを織り交ぜながら進んでいこう。

Conducción

クライフターン

ドリブルで進みながら、クロスした後ろ足のインサイドで真横に切り返してターンする。軸足の後ろにボールをスムーズに通そう。

ラボーナ

軸足の後ろ側に蹴り足を回しながらクロスさせて、そのままボールを進行方向に出す。

ソールタッチ

ソールを使ってのドリブルでは、ボールを引いて後ろに出す。後ろに出したあとのタッチは、イン・アウトの両方を取り入れる。

マシューズ

大きなモーションからインサイドでボールを軽く斜め前に出す。素早く足を引き寄せて同じ足のアウトサイドで反対方向に大きく方向転換。

トレーニングのツボ 視線を上げ、周囲のコーンとスペースを意識。肩甲骨をつけるようにして胸を張り、姿勢を維持する。

Column 01

モノマネ上手は、サッカー上手！体でプレーを感じよう

サッカーだけでなく、スポーツ全般において言えることですが、技術を向上させるには、上手な選手のプレーをマネするのが良い方法です。

メッシやC.ロナウドなど、トッププレーヤーたちの魅力的なプレーを見て、自分も同じようなプレーをしてみたいと思った経験はありませんか？　確かに、彼らのプレーはマネしようと思ってもすぐにできるものではないかもしれません。他より抜きん出た才能があってこそ可能なプレーもあると思います。しかし、だからといって挑戦できないわけではありません。「まずはマネしてみる」ことをしなければ、自分は何ができて何ができないのかを知れません。何も行動しない人は上達しないのです。

まずモノマネでもいいからやってみて、結果的に失敗してしまっても、その失敗には価値があります。自分の実力と、目標とするプレーができる技術力との差を知ることができるからです。その差を知って初めて、目標とするプレーに近づくための道筋が見えてくるのです。また、そのプレーを忠実に再現しようと繰り返しマネすることで、そのプレーに必要な姿勢、足の角度、ボールの持ち方や運ぶコースなど、知らず知らずのうちに学べる要素も多いのです。人のプレーの特徴を見極められるようになると、ゲームでもチームメイトや相手など、周囲の選手の動きも想像できるようになってきます。

コーチや監督に教えられるのではなく、自分の弱点やプレーの要点に気づけることは、一流選手になるための重要な条件だと言えるでしょう。

スター選手でなくても、身の周りの上手い友達や先輩、コーチのプレーを見て、それをマネすることから始めてください。いろいろな人のプレーをマネして、だんだんと自分のものにしていきましょう。

2nd Week
Conducción

第2週スケジュール

1日目
運ぶドリブル⑩リフティングで浮き球のコントロールを身につける

リフティングで直進／リフティングでスラローム
リフティングで大回りスラローム

2日目
運ぶドリブル⑪幅広のジグザグドリブルで大きな動きを身につける

長距離ジグザグドリブル①インサイド
長距離ジグザグドリブル②アウトサイド

3日目
運ぶドリブル⑫直角ドリブルで急な方向転換をマスターしよう

直角ドリブル

4日目
運ぶドリブル⑬ディフェンダーの裏をとるボール運びを身につけよう

ミニ裏街道

5日目
運ぶドリブル⑭ステップオーバーでフェイントの基礎を身につける

直進ステップオーバー／曲線ステップオーバー

6日目
運ぶドリブル⑮ゴール直前のクリロナターンでシュートを狙おう!

クリロナターンからシュート

7日目
運ぶドリブル⑯複数人を連続でかわすボールコントロールを身につける

5ポイントドリブル

運ぶドリブルトレーニング⑩

リフティングで浮き球の
コントロールを身につける

個人練習

リフティングで直進

練習時間：15セット
スピード：緩急つけたスピード

menu 体の各部でリフティングをしながら、浮き球の状態を保ってボールを運んで行くトレーニング。

このトレーニングの動き方

約8m

ボールタッチの強弱がバラバラだとまっすぐに進むことができない。安定したタッチ、フォームを身につけて、正確に運ぼう。

浮き球での運び方

走りながらのコントロール性を上げるには、リラックスして体を柔らかく使うのがポイント。反応速度が速くなり、走るスピードやコントロールミスに対応できるようになる。

トレーニングのツボ いろいろなタッチで、正確に速く直進できるように試してみよう。

Conducción

 リフティングで **スラローム**

練習時間：15分
スピード：緩急つけたスピード

menu コーンをジグザグに配置して、リフティングしたままスラロームで進んで行く。

視線の位置

ボール、もしくはコーンばかりを見てしまうとバランスを崩してうまく進めない。胸を開き視線は進行方向に向け、視野の中にボールとコーンをおさめるようにして進んで行こう。

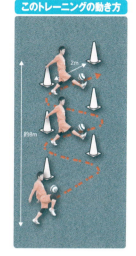

このトレーニングの動き方

トレーニングのツボ コーンの位置を意識してボールをコントロール。

 リフティングで大回り **スラローム**

練習時間：15分
スピード：緩急つけたスピード

menu リフティングをしながら、体全体の向きを変え、大回りにスラロームで進んで行く。

ターンを急がない

ターン部分では大きく方向転換するため、無理に曲がろうとするとバランスが崩れてしまう。初めのうちはスピードは意識せず、コントロールが乱れないように集中して進むのがポイント。繰り返し練習して少しずつ慣れていこう。

このトレーニングの動き方

トレーニングのツボ 焦らずに、正確なボールコントロールを意識しよう。

2週目 Conducción

073

運ぶドリブルトレーニング⑪

幅広のジグザグドリブルで大きな動きを身につける

個人練習

長距離ジグザグドリブル① インサイド

練習時間：20分
スピード：トップスピード

menu 縦長に幅広く並べたコーンの間を、インサイドだけを使ったスラロームドリブルで、ジグザグに進んで行く。

このトレーニングの動き方

股関節を柔らかくして可動域を広く使おう

このトレーニングでは、股関節を柔らかく、大きく使うのがポイント。また、スピードに合わせて足首の角度を調整しないと、ボールをタイミングよく横に動かすことができない。

切り返す時は、ドリブルで縦に進む勢いに負けない力強い横方向のタッチが必要。

進行方向に軸足のつま先を向け、蹴り足は横に強くタッチ。

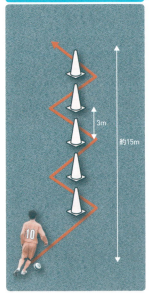

3m
約15m

トレーニングのツボ スピードを落とさないように、ワンタッチで方向転換する。

Conducción

長距離ジグザグドリブル②　アウトサイド

練習時間：20分
スピード：トップスピード

menu 縦長に幅広く並べたコーンの間を、アウトサイドだけを使って、ジグザグに切り返して進んで行く。

足首を力強く使って切り返そう

切り返しの時のワンタッチは、足首の力強さを意識するのがポイント。足首のスナップで角度をつけ、タッチ面を広く使ったアウトサイドで押し出すと、よりコントロールが安定して、するどく切り返すことができる。

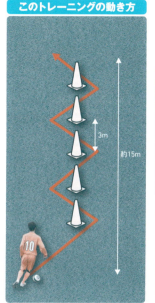

このトレーニングの動き方

3m／約15m

軸足を踏ん張って、股関節を閉じながら、蹴り足のアウトサイドを素早くボールに向ける。

股関節を進行方向に開きながら、アウトサイドタッチ。蹴り足は足首で角度をつけて、タッチするように意識する。

ボールを切り返すとともに体もするどくターン。軸足を一気にたたんで引き寄せて、ボールと体の距離が離れすぎないようにする。

切り返した足は、膝からつま先を進行方向に向け着地し、そのまま走り出せるように。

運ぶドリブルトレーニング⑫

第2週 3日目

個人練習

直角ドリブルで急な方向転換をマスターしよう

直角ドリブル

練習時間：15分
スピード：トップスピード

menu コーンで3カ所に門を作り、トップスピードで走り込んでワンタッチで直角に曲がる。

このトレーニングの動き方

スピードは落とさずに軸足でうまく角度をつくりボールを直角に運ぶ。

①インサイドでのタッチ

○

×

左の写真のように軸足と体の角度でボールに方向性を与える。右の写真のように腰が落ちてしまうと、ボールと一緒に重心移動できず、タッチ後にボールが体から離れてしまう。

Conducción

②方向転換のポイント

ドリブルスピードを高めるために、コーンを曲がる時はできるだけ最短最速を心がけ、インサイドタッチで鋭角に切り返していく。鋭角な切り返しができないと、大回りになって連続した方向転換が苦しくなってしまう。安定したタッチコントロールの感覚を身につけよう。

軸足のつま先を進行方向に向ける!

曲がる時は蹴り足が軸足と交差する軌道でボールにタッチした後、着地する。着地した後、次の蹴り足の膝も進行方向に向けるのがポイント。関節を柔らかくして、膝下をなめらかに動かそう。つま先は上げて、足首をしっかりと固定し、力強くタッチすることで、連続した直角の方向転換が可能になる。

蹴り足が軸足の位置とクロスしたように動き、ボールにタッチする。

方向転換はワンタッチで鋭角に切り返す。アウトサイドでも挑戦してみよう。

運ぶドリブルトレーニング⑬

第2週 4日目

ディフェンダーの裏をとる ボール運びを身につけよう

個人練習

ミニ裏街道

練習時間：1分×10セット
スピード：通常スピード

menu
コーンをランダムに並べて、ボールを前に出しながら、体はコーンの逆側を回って移動する、いわゆる「裏街道」のトレーニング。コーンを抜けた先でボールをコントロールしたら、また同じように繰り返しながら進んでいこう。ボールを前方に送る時のタッチに変化を加えて行う。

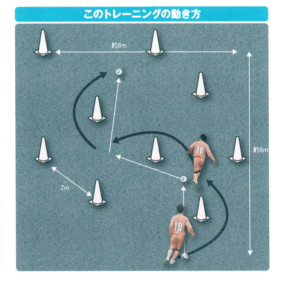

このトレーニングの動き方
約8m／約8m／2m

コーンやスペースの 状況を判断する

狭いスペースを使って裏街道を連続するためには、上半身を上手に使って動きを小回りにすることが重要になる。どのスペースを生かして、どうやってコーンをかわすか周囲の状況を判断するのが重要だ。

ボールタッチの強さと自分の走力を計算しないと、ボールに追いつけなくなり、ミスにつながる。

Conducción

ボールの出し方① ヒールで転がす

ヒールを使ってボールをコーンの外側に蹴り出し、素早くターンしてコーンの裏を通ってボールに合流する。ヒールで蹴り出す時は、インパクトの瞬間に蹴り足を止めるくらいの方がコントロールしやすい。ヒールでのボールコントロールは非常に難しいので、繰り返し練習してタッチの感覚を覚えるようにしよう。

ボールの出し方② ソールで引く

ソールでボールを引いて後方に転がし、素早くターンしてコーンの裏を通ってボールに合流する。

ボールの出し方③ 足先で浮かす

足先を使って前方にボールを浮かしたら、コーンの裏を通ってボールが地面に落ちる前にコントロールする。

連続してコントロールするには次はどうするかを常に考えながら動くようにする。

運ぶドリブルトレーニング⑭

ステップオーバーで
フェイントの基礎を身につける

個人練習

直進ステップオーバー

練習時間：15分
スピード：トップスピード

menu トップスピードの直線ドリブルの中に、何度もステップオーバーを入れる。ボールスピードを落とさずにリズミカルに。

このトレーニングの動き方

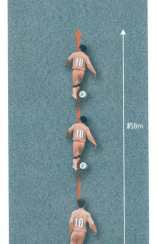

約8m

ステップオーバーはダイナミックにする

インサイドでボールをタッチするように見せかけながら外側から内側へとボールをまたぐステップオーバーのフェイント。またいだ後は同じ足のアウトサイドか逆足のインサイドで押し出しまっすぐに進む。スピードを落とさずになめらかに行おう。

股関節を柔軟に大きく開く。リズミカルに何度も繰り返すことで体に覚え込ませよう。

ボールをまたぐ時、左足は膝を軽く曲げ、重心落とし、バランスが崩れないようにする。

トレーニングのツボ できるだけ大きな動作でまたいで躍動感を出し、跳ねるようにして繰り返そう。

Conducción

曲線ステップオーバー

練習時間：15分
スピード：ハーフスピード

menu パスを狙う雰囲気で曲線的に進み、ステップオーバーを繰り返す。ディフェンダーの動きをイメージしてフェイントのタイミングをつかもう。

このトレーニングの動き方

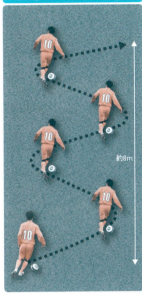

約8m

1

2

3

4

左に行くと見せかけて、右足でボールを外側から内側へまたぐ。方向転換して逆足で素早く外に押し出し、相手をかわす。

STEP UP TRAINING

またいだ足と同じ足のインサイドでタッチし、変化を加える。

またいだ足と同じ足でのインサイドのタッチを加えることで、変化を与えることができる。またぎ切った足を再度、もとの位置に戻してからインサイドで押し出す（右図）ことで相手に動作を読みづらくさせる。

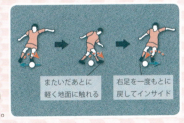

またいだあとに軽く地面に触れる | 右足を一度もとに戻してインサイド

トレーニングのツボ 曲がるふりをしながら、ディフェンダーをいなすイメージで練習しよう。

2週目 Conducción

運ぶドリブルトレーニング⑮

第2週 6日目

ゴール直前のクリロナターンでシュートを狙おう！

個人練習

 クリロナターン からシュート

練習時間：20分
スピード：通常スピード

menu
ディフェンダーを想定して置かれたコーンに向かって高速ドリブルで向かう。コーンの2m手前でクリロナターン。ボールを一気に横に外してディフェンダーとの距離を取る。ボールに追いついたら、すぐにシュートの体勢をとる。

このトレーニングの動き方

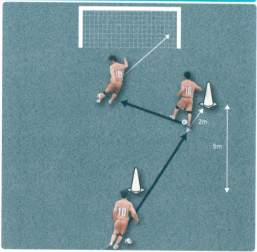

クリロナターンを使うタイミングに注意

クリロナターンはコーンのギリギリの位置ではなく、2mくらい手前で使うのがポイント。ドリブルで走り込みながら、ディフェンダーとの距離感をしっかりと意識するようにしよう。

ディフェンダーがちょうどボールに食いついてくる距離からのクリロナターンで、一気に相手の裏をかく。

Conducción

クリロナターンはボールを強めに出すのがポイント

1 一気にダッシュしながら相手との距離を詰めて、2mくらいの距離まで近づいたら、片足を後ろに回して両足をクロスさせる。

2 前足は浮かせるようにして、後ろ足を着地すると同時にインサイドでボールにタッチして横に出す。

3 足首を固定して、強めのタッチを意識しよう。前足に体重移動しながら、真横に方向転換する。

4 前足でしっかり踏み切って、ボールを追う。体勢的に不安定な状態になるが、しっかりと上体を起こしてバランスをとろう。

STEP UP TRAINING

逆足でも練習しておこう!

スピードに乗ってクリロナターンが決まるようになってきたら、逆足でも使えるように練習しよう。強めにタッチしてボールを出しても追いつけるよう、何度も練習して、利き足と同じくらいのスピードでできるようにする。

トレーニングのツボ ゴール近くでのプレーなので、ターンからシュートまでの流れをセットで練習する。

運ぶドリブルトレーニング⑯

複数人を連続でかわす ボールコントロールを身につける

個人練習

5ポイントドリブル

練習時間：15分
スピード：緩急つけたスピード

menu 図のように5カ所にコーンを配置。トップスピードで中央のコーンに向かい、中央に近づいたら左右どちらかにかわして曲がり、方向転換した先にある正面のコーンをもう一度直角に曲がる。中央のディフェンダーは左右でかわし方がまったく違うのでどちらもできるように。

このトレーニングの動き方

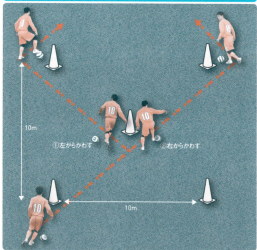

①左からかわす ②右からかわす
10m
10m

ボールと体の いい距離感をつかもう

直角に曲がったあとのダッシュがこのトレーニングのポイント。体重移動をスムーズに行って、ボールと足の位置関係と、上半身の使い方をマスターする。繰り返し練習して、体に覚え込ませるようにしよう。

素早い体重移動をすることで、曲がる時のバランスが安定する。

Conducción

①左からかわす場合

トップスピードで中央のコーンの手前をインステップで左側に直角に切り返して、左奥のコーンに向かう。切り返した後は加速して左側のコーンをこえて直角に切り返す。中央付近では細かいボールタッチをせずに、切り返すタイミングに備えておこう。かわしたあとは一気にスピードを上げて次のコーンに向かう。

スタートして中央のコーンに近づいてもスピードは緩めない。最初はインステップで強めにタッチして、ボールに勢いを持たせる。軸足のつま先はボールを出したい方向を向かせよう。ツータッチ目でボールの方向を微調整して、そのままスピードにのって前に出る。

②右からかわす場合

中央のコーンを経由して右奥のコーンに行く場合、中央ではディフェンダーを意識して足を上げて曲がるフェイントをしかける。中央付近では直角に切り返す足の上げ方から軌道修正してアウトサイドのタッチでトップスピードでまっすぐ進み右奥のコーンを直角に切り返す。

スピードをゆるめずにインサイドとアウトサイドを使ったドリブルで中央に向かい、中央に差し掛かったら足を上げて、ディフェンダーに切り返す方向にボールを出すように思わせる。そのまま大きく踏み出して、アウトサイドを広く使って前に押し出し、スピードにのって進む。

トレーニングのツボ

ボールと体の距離感を磨き、曲がるも進むも止まるもできる位置をマスターする。

Column 02

イメトレは上手くなる近道！体だけでなく想像力も鍛えよう

　この本を手に取られる皆さんは、一週間に数回、サッカーの練習を重ねていることと思います。それでは、そんな皆さんは先週、何回、イメージトレーニング（イメトレ）を行いましたか？　実際に体を動かす練習と比較して、それほど多くの回数を意識して行っていないのではないでしょうか。サッカーが上達するためにランニングやボールトレーニングなど、体を使うトレーニングはもちろん大切です。ですが、さらにサッカーが上達する近道は、実はそのイメトレにあることも知っておいてください。

　頭の中で自分やチームメイト、相手プレーヤーの動きを思い描いてシミュレーションをすることは、実際のプレーに大きな影響をもたらします。ゲーム中のさまざまな状況をイメージしておくことで、実際のプレー時の判断速度も上がり、次の動きの展開も読めるようになります。また、プレッシャーを感じずに対応することにもつながります。

　イメトレで大切なことは「自分の実力に見合った想像力」です。自分に有利な状況や、限定した状況だけをイメージしても効果はありません。

　上手にイメージがふくらまない人は、まずはその日の試合内容を頭の中で再現することから始めてみましょう。できるだけくわしく、細かい部分まで思い出すことによって、良いプレー、悪いプレーを再確認して自分の特徴や弱点を知ることもできますし、リアルなイメージを固める練習になります。

　試合後にこれを習慣化していくことで、自分の実力に近いイメージを持てるようになります。また、自分の実力を知ることで、よりレベルの高い選手のプレーを自分に置き換えながら、どこに注意してプレーをしたら良いかといったポイントが見えてくるのです。

3rd Week
Regate

第3週スケジュール

1日目
抜くドリブル① 片足の細かい切り返しで進む高速ジグザグドリブル
片足限定切り返しドリブル

2日目
抜くドリブル② ソール（足裏）でのボールタッチに慣れる
ソールでボール1/3回転／体の後方でソールタッチ

3日目
抜くドリブル③ バランスを崩さずにするどく斜め前に抜け出す
高速斜め前突破

4日目
抜くドリブル④ ボールに触らないノータッチフェイントで相手を崩す
ボールに触れないまたぎフェイント

5日目
抜くドリブル⑤ 変則股抜きで狭い場所を突破する
クライフターンで股抜き

6日目
抜くドリブル⑥ 連続フェイントでディフェンダーを抜く
**またぎフェイント（シザースやステップオーバーなど）
～マシューズで抜く**

7日目
抜くドリブル⑦ 2人を連続で抜くコンビネーションドリブル
**①1人目を右に抜き、2人目のスライディングをかわす
②1人目を左に抜き、2人目のスライディングをかわす**

抜くドリブルトレーニング①

第3週 1日目

片足の細かい切り返しで進む高速ジグザグドリブル

個人練習

片足限定切り返しドリブル

練習時間：15分
スピード：トップスピード

menu 片足だけを使った早いテンポでのジグザグドリブル。ボールタッチする足を限定して、左右に素早く切り返す動きの連続で、ドリブルにバリエーションをもたせる。

このトレーニングの動き方

①と③の場合　約4m　50cm
②の場合　約4m　2m

体重移動のスピードとボールタッチのテンポがポイントになる。

①ソールのみの片足ジグザグ

ボールは体から離さないで常に自分の正面に置くようなイメージで小刻みなドリブルをしてみよう。蹴り出すのではなくソールでなでて転がす。

足裏でボールをコントロール。

蹴り出さずになでて転がす。

目線は下ばかりみないように。

②インサイドとアウトサイドを使った振り幅の広い片足ジグザグ

片足のインサイドとアウトサイドのタッチを交互に繰り返しながら、左右に大きく体を移動させて進む。常に体の前にボールを蹴り出せるようにボールタッチは正確に行おう。

インサイドで体の前に蹴り出す。

大きく股関節を開いて踏み出す。

同じ足でアウトサイドタッチ。

③インサイドとアウトサイドを使った振り幅の狭い片足ジグザグ

インサイドでタッチして前に押し出したら、素早く同じ足のアウトサイドで受け、すぐ逆に切り返す。はじめはボールなしで小刻みにジグザグに動く練習をしてみよう。

アウトサイドでタッチ。

同じ足をボール外側へ移動。

インサイドで蹴り前に出す。

STEP UP TRAINING
体は左右に低く飛ぶように動く

このドリブルは、インサイドとアウトサイドのタッチで素早く切り返す連続プレー。ボールは体から離れないように正確で優しいボールタッチと、左右への素早い体重移動が要求される。腰を落として、左右に連続で低く飛ぶようにしてみよう。低く横に飛ぶことで、上体は安定したまま正確なボールタッチが可能となる。

姿勢を低くして、反復横跳びのようなイメージでジグザグに小刻みに動く。

軸足が蹴り足と同時に動かないとボールが体から離れてしまうので注意。利き足だけでなく、逆足も練習する。

抜くドリブルトレーニング②

第3週 2日目

ソール（足裏）での ボールタッチに慣れる

個人練習

ソールでボール1/3回転

練習時間：15分
スピード：トップスピード

menu ソールでボールを踏み、軸足の斜め前の位置から前後左右に1/3回転ずつ素早く転がし元の位置に戻す。速いリズムで数回繰り返したら、逆足で同じことを繰り返す。

このトレーニングの動き方

右
力を入れすぎるとスムーズにボールを転がすことができない。

基本位置
前後左右でボールにかける力が違うので何度もやって足裏のフィーリングをつかむ。

後
股関節を大きく開くように柔軟に使おう。

トレーニングのツボ
ボールと足が常に接した状態をキープ。股関節を柔らかく使い、素早くていねいにコントロールしよう。

Regate

体の後方でソールタッチ

練習時間：15分
スピード：トップスピード

menu クライフターンの体勢で、ボールを後ろに引き、ソール、つま先、アウトサイドをうまく使ってボールを行ったり来たりさせる。

このトレーニングの動き方

ボールの動きが小さくならないように意識して、股関節、足首を柔軟に動かす。

後ろに引く時は軸足の膝を柔軟にして、ボールタッチはつま先とアウトを中心に。

STEP UP TRAINING

足裏でのボール1/3回転にまたぎのフェイントも加えてみよう！

ボールを逆足に渡す際、タッチする前に空中でステップオーバーをするように、内側にまたぐフェイントを入れる。

1
右足のソールから、ボールを横に転がして左足へ渡す。

2
ボールを触る前に左足を内側方向に回し、ボールをまたぐ。

3
またぎのフェイントをした左足でそのままボールを押さえる。

トレーニングのツボ 軸足の膝を柔らかく使うことで、ボールを体の後ろで扱う時も上体を安定させることができる。

抜くドリブルトレーニング③

第3週 3日目

個人練習

バランスを崩さずにするどく斜め前に抜け出す

高速斜め前突破

練習時間：15分
スピード：トップスピード

menu 体を左右に振るフェイントで相手のタイミングを外す。その動きから一気に体ごとボールを斜め前に押し出していく。

このトレーニングの動き方

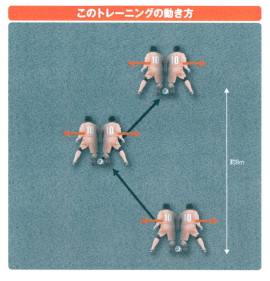

約8m

体の軸がぶれないように！

体を素早く左右に動かすと、前傾姿勢になりやすいので注意しよう。前屈みになりすぎると体の軸がぶれてしまい、体の動作が遅くなり、ドリブルスピードが落ちてしまう。

○ 上体がまっすぐに起きている

✗ 上体が前方に傾いている

左の写真のように体の軸がまっすぐに起きた状態であればフェイント、ドリブルともにスムーズに行える。

Regate

体を左右に振るフェイントからアウトサイドで抜け出す流れ

体を左右に素早く動かすフェイント動作の後、そのまま勢いをつけてボールをアウトサイドで斜め前方向に蹴り出す。足先だけで蹴るのではなく体ごと大きなアクションでボールを押し出すことで、ディフェンダーの裏を取りスピードに乗ったプレーができる。

ボールの左右に大きく軽快にステップしながら、体を左右に振る。

ステップした足を強く踏み切ってボールを押し出す体勢に。

斜め前方向に向かって、体全体でボールを大きく押し出す。

ボールにタッチした足を1歩目にして踏み出し、するどく前に出る。

悪い例

足先だけでバタバタとステップしないこと。体の軸が左右に大きく動くことで相手を揺さぶり、ボールを強く押し出せる。

足だけ動いても意味がない。

ボールを押す力も弱く…

勢いがなく、抜け出せない。

トレーニングのツボ　軸足は常に内側に力を入れて、体の重心がぶれないようにする。フェイント後にアウトサイドで抜け出す時は足だけでなく、体全体でボールを押し出すようにする。

抜くドリブルトレーニング④

第3週 4日目

個人練習

ボールに触らないノータッチフェイントで相手を崩す

ボールに触れない またぎフェイント

練習時間：15分
スピード：トップスピード

menu ボールを中心に、360°自由にまたぎのフェイントを繰り返す。何度かまたぎのフェイントを入れたら、最後にワンタッチして、どの方向かに抜ける。目の前にいるディフェンダーを、体の動きで惑わすようなイメージを持って練習しよう。ワンタッチした後の流れもイメージしながら行おう。

このトレーニングの動き方

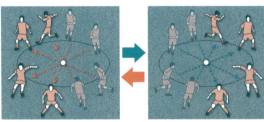

縦横だけではなく、全方向に動けるようにしておく。この図ではわかりやすくするために移動するエリアを大きく描いているが、実際にはボールを中心に2～3歩の範囲となる。ディフェンダーにどの方向に抜け出すのかが読まれないような動きをマスターする。

上体が前傾しないように注意

ボールに触らないでまたぐことを意識しすぎると、前傾姿勢になり周囲の状況も見えず、動きも小さくなってしまう。左右の肩甲骨をつけるようにすると、胸がはるので自然と視線が上がり周囲を見渡せる。

足だけ動かそうとすると動きが小さく上体が前屈みになるので注意する。体の軸がぶれないように意識して素早くまたぎのフェイントを繰り返す。

Regate

①前後のまたぎ

ボールを前後にまたぐフェイントを加えることで、相手の間合いに揺さぶりをかける。

腕の動きをつければ、より大きな動きに見せることができる。

インステップやインフロントで蹴り出すような動作でも行ってみよう。

②インサイド方向のまたぎ

ボールを中心に体ごと左右に動くステップオーバーのフェイント。連続で行うことで、横方向への揺さぶりをかける。

インサイド方向に切り返す動きでディフェンダーを誘う。

インサイドで蹴り出すような動作でも行ってみよう。

③アウトサイド方向のまたぎ

ボールを中心に左右の足を外側に向けてまたぐシザースのフェイント。ステップオーバー同様に横方向への揺さぶりをかける。

足先だけではなく、体全体で大きく動作するように注意しよう。

アウトサイドで蹴り出すような動作でも行ってみよう。

トレーニングのツボ まずはボールなしでステップから始めてみよう。慣れたらボールを置いて練習しよう。

3週目 Regate

抜くドリブルトレーニング⑤

第3週 5日目

変則股抜きで狭い場所を突破する

個人練習

クライフターンで股抜き

練習時間：10分
スピード：通常スピード

menu
クライフターンで狭いスペースにボールを通し、裏街道のように回り込みながらボールと合流する。実際にディフェンダーの股を通すイメージで行おう。

このトレーニングの動き方

練習相手がいる時は、実践的な股抜きに挑戦

ディフェンダーと接近した状況では足元に相手の死角が生まれやすく、股抜きがとても効果的な技になる。

迷わず大胆に仕掛けられるように日頃から練習しよう。

対人で練習することで実戦でも気後れせずに行えるようになる。

Regate

クライフターンで股抜きするまでの流れ

1 ドリブルでスピードを落とさずに、相手との距離を詰めていく。

2 体でブロックするように相手の前に入り込む。

3 外側の足のソールでボールを踏み、後ろに引くと同時に…

4 軸足を大きく前に踏み出し、ボールを軸足の裏の位置へ。

5 タイミングよくインサイドでタッチし、相手の股の間に通す。

6 そのまま、相手を回り込むようにターンして、ボールに追いつく。

3週目 Regate

トレーニングのツボ いけると思ったら迷わずに素早く動く。同じように正面の相手を抜く方法にも挑戦してみよう。

抜くドリブルトレーニング⑥

第3週 6日目

連続フェイントで ディフェンダーを抜く

個人練習

またぎフェイント(シザースやステップオーバーなど)〜マシューズで抜く

練習時間：20分
スピード：緩急つけたスピード

menu ハーフスピードのまたぎフェイントを2〜3回繰り返して相手の足を止め、トップスピードでマシューズ。左右に振った後、一気にボールを押し出して相手をかわす。

このトレーニングの動き方

約8m

マシューズはトップスピードで駆け抜ける

ここでのまたぎフェイントは相手を抜くのではなく誘うためのもの。ゆったりした動作からアウトサイドでボールを押し出す瞬間に股関節を大きく開き、一気にスピードを加速しよう。ディフェンダーを置き去りにするイメージで練習する。

最後にアウトサイドを使って抜け出す際には、股関節を大きく開きながら思い切って飛び出す。

Regate

またぎフェイント（シザースの場合）～マシューズで抜けるまでの流れ

ハーフスピードでのドリブルからまたぎに入る。写真はシザース。

またぐ動作を2～3回入れて、マシューズの動きに変化させる。

軽くボールに足を引っかけるイメージでインサイドでマシューズ。

素早く同じ足のアウトサイドで反対側へ切り返す。

横に低く遠く飛ぶイメージで、アウトサイドでボールを押し出す。

押し出した足を遠くに着地させて、そのままボールに追いつく。

3週目 Regate

トレーニングのツボ　マシューズでのアウトサイドのタッチ前に、ボールを足元に引きよせておくと、押し出す足に吸いつくようになり、よりスピーディーに飛び出せる。

抜くドリブルトレーニング⑦

第3週 7日目

2人を連続で抜くコンビネーションドリブル

個人練習

① 1人目を右に抜き、2人目のスライディングをかわす

練習時間：10分
スピード：緩急つけたスピード

menu 1人目のディフェンダーを右側から縦に抜き、2人目がスライディングで来るのをかわす想定で行う練習。コーンにぶつけないようにしっかりボールを浮かそう。慣れてきたら違うパターンを想定して、コーンの配置を変えてさまざまなコンビネーションを考えてみよう。

このトレーニングの動き方

1.5m
約3m

ボールを浮かす方法を使い分ける

股関節を大きく開き、アウトサイドを使ってすくい上げるように浮かす。

つま先をボール下に鋭く差し込んで逆回転をかけたチップキックで浮かす。

インフロント気味にボールを持ち上げるようなイメージで浮かす。

Regate

1人目を右から縦に抜き、2人目のスライディングを浮き球でかわす流れ

1

目線を下げずに、しっかりと前を見て相手との距離感をつかむ。

2

左にフェイントかけて、アウトサイドでボールを右に押し出す。

3

すぐにボールを持ち変えてスムーズに次の動作に入る。

4

スライディングの相手の足を想定してタイミングを合わせる。

5

軸足でブレーキをかけ、逆足アウトサイドでボールを浮かせる。

6

ボールと一緒に体も大きく浮かせ、相手の足を飛び越えてかわす。

3週目 Regate

トレーニングのツボ
1人目〜2人目を抜くいろいろなパターンを頭の中でイメージして、その形に近づくように試してみよう。

抜くドリブルトレーニング⑦

②1人目を左に抜き、2人目のスライディングをかわす

練習時間：10分
スピード：緩急つけたスピード

menu 1人目のディフェンダーを左側から横に抜き、2人目がスライディングで来るのをかわす練習。1人目を右にかわす場合と、ディフェンダーに向き合う角度が変わることを意識しよう。

このトレーニングの動き方

1.5m
約3m

抜く方向が変われば、当然、体の向きもボールの位置も逆の状態になる。

上半身（頭）がぶれると連続技が不安定になる！

1人目から2人目につながる場面で、バランスを崩して上半身（頭）が前後に倒れると体の軸がぶれてしまう。こうなるとリズムが崩れてコンビネーションが不安定になり、相手をかわすのが難しくなる。バランスよく姿勢を維持できるように注意しよう。

1

足元に気を取られて前屈姿勢にならないように注意。顔を上げてボールをコントロールしたい。

2

軸がぶれてバランスを崩してしまうと、体をコントロールできないまま次の動作が続かなくなる。

Regate

1人目を左から縦に抜き、2人目のスライディングを浮き球でかわす流れ

1 右側からまっすぐ縦に抜くフェイントをかけてから、左にアウトサイドで切り返す。

2 上体のバランスをキープしながら相手の動きを確認して、かわす動作に入る。

3 スライディングでコースをふさがれるイメージで、インサイドでボールの進路を変えるように切り返す。

4 切り返しの動作の後も上体のバランスを崩さないように意識しておく。

5 インフロント気味にボールを持ち上げるようにして宙に浮かせる。

6 ボールの浮かし方は何パターンもあるので状況にあった方法が実行できるようにしておく。

トレーニングのツボ　2人～3人と抜いていくパターンを作って、動作と動作のつなぎ目をよりスムーズにできるように練習しよう。

Column 03

試合は、まさに「ためしあい」！失敗を恐れず上手くなろう

　練習の成果を発揮する場所こそ「試合」。そして、試合は選手が一番経験を積める環境です。本当の意味で、実戦で使える技を身につけられるチャンスは、実戦の中にしかありません。フェイントやドリブルの練習をして、イメトレで試合の中でのイメージを固めていても、いざ本番の試合の中で使おうとすると、いつもと違う環境に緊張したり、失敗を恐れたりして練習中の成果を試すこともできずに終わってしまうことはありませんか？　練習してきた技術を初めて試合で試す時は、失敗するかもしれないという不安もあるかもしれません。

　しかし、失敗を恐れていては、その技術を自分のものにすることはできないのです。試合とは、読んで字の如く「ためしあい」をする場所です。これまでに練習したものが通用するか試してこそ、試合の意味が高まります。相手も、練習してきた技術、戦術を試し、自分もそれに対抗する…それがまさしく試合であり、互いに研鑽を重ねる場所なのです。

　とはいえ、「試合」と「練習」は別物であることを理解しておいてください。

　試合には勝ち負けがあり、その結果は自分だけでなく、チームメイトにも関わってきます。自分のプレーには責任を持たなければならないことを忘れないで下さい。あくまでもチームでの勝利を目指して、真剣にチャレンジする気持ちは忘れずに試合に臨みましょう。

　試合中に、もし失敗しても、次の機会で成功するようにさらに練習をすればいいのです。そして、次の試合につなげればいいのです。何度も試して、練習してきた技術を実戦の中で使えるようにしていくことが大切なのです。

　まずは、この本でトレーニングを重ねた「運ぶドリブル」、「抜くドリブル」を、試合でおおいに試してみてください。

4th Week
Regate

第4週スケジュール

1日目
抜くドリブル⑧ アウトサイドでの切り返しに連続シザースで変化を加える
連続シザース

2日目
抜くドリブル⑨ アウトサイドでの高速ドリブルでボールを左右に大きく動かし続ける
アウトサイド限定高速ドリブル

3日目
抜くドリブル⑩ 空中での2連続またぎからの方向転換
空中2連続またぎからインサイドで切り返す
空中2連続またぎからアウトサイドで切り返す

4日目
抜くドリブル⑪ 斜め後ろドリブルでディフェンダーを誘い出して抜く
斜め後ろドリブルからの浮かし
斜め後ろドリブルからアウトサイドで誘ってエラシコ

5日目
抜くドリブル⑫ 連続エラシコでディフェンダーの逆をつく
ダブルエラシコ

6日目
抜くドリブル⑬ ダブルルーレットでゴール前の混戦を制する
高速連続ルーレット

7日目
抜くドリブル⑭ 連続フェイントで実戦的な動きを身につける
シザース〜ルーレット〜ソールで横に引く連続フェイント

まとめ
トレーニングをしていて気になること Q&Aコーナー

抜くドリブルトレーニング⑧

第4週 1日目

アウトサイドでの切り返しに連続シザースで変化を加える

個人練習

連続シザース

練習時間：20分
スピード：速い緩急

menu アウトサイドで切り返すドリブルに、ボールをまたぐシザースを織り交ぜながら、相手を揺さぶる。シザースの場所と回数に変化をつけて、10mの距離を自由なイメージでスラロームドリブルする。

このトレーニングの動き方

足元の動きに集中しすぎてしまい、前屈みの姿勢にならないように注意する。

アウトサイドでボールを斜めに押す

股関節を広げながら、足首を使いアウトサイドでボールを切り返す。インステップ気味に当てると、ボールが斜めではなく正面に出てしまうので注意。

股関節を大きく広げて、ボールを横に押し出す。

インステップでは相手を横方向にかわすボールコントロールが難しい。

Regate

アウトサイドでの切り返しと連続シザースの流れ

1 前屈みにならないように上体を起こし、コーンをしっかりと見て距離を詰める。

2 足首と股関節を使いアウトサイドで切り返す。ボールは正面ではなく横に押し出すように。

3 上体を安定させたまま正面を向いて、ボールをまたぐ足の正面で運ぶ。

4 シザースはまたぐ足の前に置いたボールの周りを内側から外側に円を描くようにまたぐ。

5 外側にまたいだ足をそのまま大きく踏み出し体の軸を移動させながら、逆側に切り返すモーションへ。

6 蹴り足を引き寄せ、ボールを内側からアウトサイドで外側に切り返す。

トレーニングのツボ　シザースの場所と回数は決まっていないので、自分のイメージで2〜3回とリズムよく織り込もう。いつでもパスやシュートが打てる体勢をキープすること。

抜くドリブルトレーニング⑨

第4週 2日目

個人練習

アウトサイドでの高速ドリブルでボールを左右に大きく動かし続ける

アウトサイド限定 高速ドリブル

練習時間：20分
スピード：トップスピード

menu トップスピードのまま、アウトサイドの強いボールタッチで左右に大きく動きながらドリブルする。

このトレーニングの動き方

3m / 約8m

ボールの下に鋭く足先を差し入れるようなイメージで、斜め上からボールにタッチする。

股関節を左右に素早く開閉する

正面ではなく、斜め前方向にアウトサイドで強くボールにタッチする。股関節を横に大きく押し広げるようにしながらしっかりとボールを押し出していこう。ボールを押し出した後は股関節を素早く閉じて移動する。

Regate

アウトサイド高速ドリブルの流れ

1

体全体でディフェンダーとボールの間に入り込むイメージで、コーンに向かって軸足を強く踏み込む。

2

膝、足首を深く曲げて、斜め上からボールの下に差し込むように強くタッチする。

3

アウトサイドでのタッチと同時に、体を大きく横に移動させ、ボールの外側まで移動。

4

再度、コーンに向かって踏み込むようにして、軸足を入れ替えアウトサイドでダイナミックに切り返す。

5

股関節を大きく開き、横に飛ぶように斜め前に移動。蹴り足を方向転換の一歩目とする。

6

トップスピードの状態をキープするため、ボールは強いタッチで蹴り出し、体も遅れないように同時に移動していく。

トレーニングのツボ
アウトサイドはボールが正面に出てしまわないよう、足首を内側に深く曲げて斜め前方向にタッチする。トップスピードを維持して、リズミカルに動こう。

4週目 Regate

抜くドリブルトレーニング⑩

第4週 3日目

空中での2連続またぎ からの方向転換

個人練習

空中2連続またぎから インサイドで切り返す

練習時間：20分
スピード：緩急つけたスピード

menu ハーフスピードで前進しながら、足をボールの真上で内〜外側に円を描くように2回転させる。すかさず、ボールの外側をインサイドで斜め上から鋭くタッチして切り返す。

またぐ時の姿勢を意識して 体の軸を安定させるトレーニング

まずはボールなしで練習をして、体の動きを身につけよう。走りながら膝を上げ、そこを支点にしてボールの上で円を描くようなイメージで、またぎの練習をしてみよう。動きに慣れてきたら、実際にボールを使って練習する。

このトレーニングの動き方

約3m
シザース×2回

またぎフェイントをかける時に体の軸がぶれていると、のけぞったり、前屈みになってしまうので、ボールを真上から見下ろせる姿勢を保つことを意識する。

Regate

2連続またぎからインサイドで切り返すまでの流れ

1
ハーフスピードでボールを体の前に押し出すようにしながら、直線ドリブル。

2
シザースのように膝を上げ、内側から外側に円を描くようにボールを2回またぐ。

3
円を描く際に体の軸がぶれないように、膝関節と膝を柔らかく使って、上体を起こした姿勢をキープ。

4
軸足のつま先を進みたい方向に向けると正確なボールコントロールができる。

5
真下に足を振り下ろすイメージで、インサイドでボールの外側を鋭くタッチし、斜め前に運ぶ。

6
ボールを体の前に押し出すようにしながら、スピードを上げ直線ドリブル。

トレーニングのツボ
膝を上げて足を回すフェイントをかけることで、ディフェンダーの視線と重心が上がる。そのタイミングで斜め前に勢いよくトップスピードで抜け出す。

4週目 Regate

抜くドリブルトレーニング⑩

空中2連続またぎから アウトサイドで切り返す

練習時間：20分
スピード：緩急つけたスピード

menu ハーフスピードで前進しながら足をボールの真上で内～外側に円を描くように2回転させる。すかさずボールの内側をアウトサイドで鋭くタッチして切り返す。

このトレーニングの動き方

約3m / シザーズ×2回

飛び込んでこない伸長なタイプのディフェンダーに効果的。相手を引きつけたら、鋭く切り返して一気にスピードに乗ろう。

アウトサイドで急激な方向転換

足をボールの上で回転させながら、アウトサイドのタッチに備えよう。アウトサイドでのタッチが、相手をかわすポイントになる。ボールに的確にタッチするには、ボールと軸足の間に蹴り足を入れ込むスペースを確保する動作と距離感が重要になる。

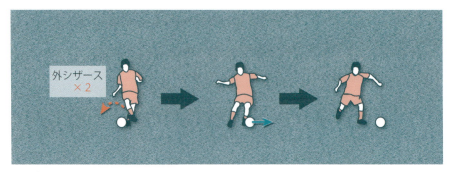

外シザーズ×2

軸足とボールの間のスペースをしっかりとって、そこに蹴り足を入れ込もう。蹴り足を入れ込む角度によってボールの進路が変化する。いろいろなパターンを試してみよう。

2連続またぎからアウトサイドで切り返すまでの流れ

1 ハーフスピードでボールを体の前に押し出してドリブル。ボールと体の距離は30cm程度。

2 スピードを保ったまま、シザースのようにまたぎフェイントを内側から外側へ2回入れる。

3 膝を支点に円を描くように足を回す。次のタッチを考え空中で足の位置を調整できるように。

4 ボールと軸足の間のスペースから足をアウトサイドで入れ込んでいく。

5 足首に力を入れて、アウトサイドの広い面で鋭く真横にボールを押し出す。

6 切り返したらそのまま勢いをつけて、トップスピードで相手をかわす。一気に引き離すイメージで飛び出そう。

トレーニングのツボ 空中で足の位置を微調整して、ボールと軸足の間にアウトサイドで足を差し込めるように練習しよう。初めはボールなしでタイミングをつかむようにする。

抜くドリブルトレーニング⑪

第4週
4日目

斜め後ろドリブルで
ディフェンダーを誘い出して抜く

個人練習

斜め後ろドリブル からの浮かし

練習時間：20分
スピード：緩急つけたスピード

menu 斜め後ろにドリブルをしてディフェンダーが奪いにきたところでボールを浮かせて、縦方向に抜いていく。

このトレーニングの動き方

約3m

ボールを浮かして相手をかわしたら、すかさずダッシュしてボールに追いつき次の行動に移れるようにする。

後ろに下がる時の両足の位置に注意！

後ろに下がるドリブルは両足とボールが横一線に揃わないように注意。いつでも自由に動けるように半身の体勢で、ボールポジションは体の少し手前の位置にする。

常に半身の体勢で、ボールの位置は体の前をキープ。

足とボールが横一線に揃うと、ディフェンダーの格好の的になってしまう。

斜め後ろへのドリブルからボールを浮かすまでの流れ

1

ディフェンダーを誘い出すために、斜め後ろに向かってドリブル。相手をよく見ながら動こう。

2

ディフェンダーがボールにアタックできるかどうかの位置をキープするようにスピードを調整して、相手の様子をうかがう。

3

相手が焦れて飛び出してきたら、スピードを上げ、横にボールを転がして浮かすモーションに入る。

4

ボールを浮かして縦に抜け出る動作は小さく早いモーションを意識する。

5

周りの状況により、チップキックもしくはつま先でボールを浮かし前方向に送る。

6

ボールを浮かしたら、トップスピードでダッシュし、次の行動につなげる。

後ろに下がる時は、ディフェンダーにボールを奪われない距離を保とう。

抜くドリブルトレーニング⑪

斜め後ろドリブルから アウトサイドで誘ってエラシコ

練習時間：20分
スピード：緩急つけたスピード

menu 斜め後ろに向かって、距離を保ちながらドリブルをし、ディフェンダーを誘い出す。焦れたディフェンダーが飛び込んできたらアウトサイドで軽く触れ、ボールを外側に外し、すぐに足首を切り返して、インサイドで鋭くタッチ。相手を左右に鋭く揺さぶるこのエラシコのフェイントで裏に抜けたら、一気にスピードを上げてディフェンダーを置き去りにしよう。

このトレーニングの動き方

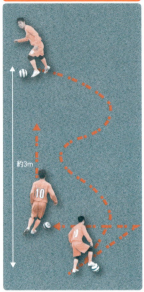

約3m

ボールをさらしてディフェンダーを誘う。足とボールが横一直線にならないように注意。

斜め後ろへのドリブルからエラシコで抜くまでの流れ

1 斜め後ろに下りながらドリブルしながら、ディフェンダーを誘い出す。

2 視線はしっかりとディフェンダーを見て、飛び込んでくるタイミングを待つ。

Regate

ディフェンダーが焦れて飛び出してきたら、軽いアウトサイドのタッチで外にボールを蹴り出すようにして…

蹴り足だけをボールの外側に回し込み…

足首を素早く返してインサイドで逆を取る。3〜5までの一連の動きがエラシコのフェイントになる。

蹴り足を着地したら、すぐにトップスピードでダッシュし、ボールに追いつく。

STEP UP TRAINING

後ろ向きのままでまたぎのステップを入れてみよう!

後ろに下りながらディフェンダーを誘い出す時に、またぎの動作を加えることで、次のエラシコがより効果的になる。

斜め後ろにドリブルをしてディフェンダーを誘い出す。

体の後ろに足を回して、後ろ向きのシザース。

左右交互にまたげるように挑戦しよう。

同じリズムでエラシコのフェイントに入る。

またぎのフェイントで相手が混乱している間を狙う。

インサイドで切り返して一気に相手を抜こう。

飛び込んでくるディフェンダーに対し、瞬間的なエラシコの動きで、相手とすれ違うようにしてかわす。エラシコは足先を柔らかく使えるように練習しよう。

抜くドリブルトレーニング⑫

第4週 5日目

連続エラシコで ディフェンダーの逆をつく

個人練習

ダブルエラシコ

練習時間：15分
スピード：トップスピード

menu ディフェンダーが密集した狭いスペースをイメージし、1人目、2人目と連続でエラシコを使い、ディフェンダーの逆を取って抜く。

このトレーニングの動き方

約3m / 1.5m

エラシコの足の動きに集中するあまり、視線が下がって前傾姿勢になってしまわないように注意しよう。

エラシコのアウト〜インの動きがバラバラにならないように意識する

アウトサイド〜インサイドの間が空き、それぞれ別のタッチにならないようにするのがポイント。「トトン」と素早いリズムを刻んで一連の動作になることを意識する。

ダブルエラシコの流れ

まずは1人目に対してのエラシコ。アウトサイドで軽くボールにタッチして相手を誘い…

すかさずインサイドでタッチし1人目をかわす。ボールを左足前まで流しながら約1m手前で、2人目に再度エラシコを仕掛ける。

膝と足首の動きに注意して、アウトの外側を広く使いアウトサイドでタッチして…

間を空けずに足首を素早く返して、同じ足のインサイドでボールを切り返す。

股関節を開きインサイドでタッチした足を着地しながら、逆側に方向転換。

強く踏ん張って大きく横に体を移動してディフェンダーをかわす。

トレーニングのツボ

左右どちらの足からもできるようにしておこう。連続で行う練習を重ねることで、とっさの場面で繰り出せる確かな技術となる。

抜くドリブルトレーニング⑬

第4週 6日目

個人練習

ダブルルーレットで
ゴール前の混戦を制する

高速連続ルーレット

練習時間：15分
スピード：トップスピード

menu トップスピードに乗った状態でディフェンダーの1m手前からルーレットを仕掛け、2回転目となる逆回転までを一連の動作としてマスターする。ゴール前の混戦をイメージして行おう。

このトレーニングの動き方

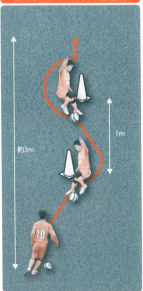

約3m／1m

頭の位置を固定し、支点として体を回転させると安定したルーレットになりやすい。

連続ルーレットの流れ

1 スピードに乗った状態でまずは相手と1mくらいの距離で右回り。

2 頭の位置を固定させて、ボールを左足のソールで引きながら素早く体を回す。

Regate

右足のソールでボールを受け、体を回しながらさらにボールを後ろに引く。

ディフェンダーを背中で押さえ込んで、体の前にボールをコントロールしながら次のルーレットに入る。

スピードを維持して、2人目のディフェンダーと距離を詰めて今度は逆回転の左回り。

素早く体を回しながら、ディフェンダーに背中を向けるようにして右足で強くボールを引く。

左足にボールを持ち変えて体を盾にしながらボールを後ろに引く。

ディフェンダーに体を預けるようにしながらボールをキープして、体を進行方向に向ける。

トップスピードを維持できるように、体の回転は速くする。ディフェンダーに体を預けるようにすると、回転しやすく、相手の動きも防げるため有利に行うことができる。

抜くドリブルトレーニング⑭

第4週 7日目

個人練習

連続フェイントで実戦的な動きを身につける

シザース〜ルーレット〜
ソールで横に引く連続フェイント

練習時間：20分
スピード：トップスピード

menu シザースで1人目のディフェンダーをかわしたらルーレットで2人目をかわし、さらにボールを横に流して3人目もかわす。これまで練習してきたフェイントを組み合わせた複合技。

このトレーニングの動き方

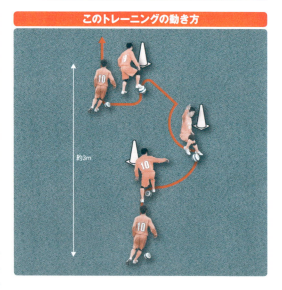

約3m

頭の位置や体の軸のぶれに気をつける

トップスピードでの連続フェイントが要求されるので、頭の位置や体の軸がぶれることで体勢が崩れてスピードが落ちないように注意する。焦ってしまうと軸がぶれやすくなるので、落ち着いて冷静に動くことを心がける。フェイントとフェイントの間は自然な動きで次の動作がスムーズに行えるよう意識する。ドリブルする前に、どうやって抜いていくかのイメージを具体的に固めることがポイントになる。

複雑なフェイントとフェイントの間も、気を抜かずにプレーを続けることが大事。

Regate

シザース〜ルーレット〜ソールで横に引く連続フェイントの流れ

一つ一つの技を正確に行い、ディフェンダーを確実に1人ずつ抜いていくイメージで練習しよう。初めはボールを使わずにフェイントの動きだけを追うトレーニングから行おう。

1 コーンを相手に頭の中で技のコンビネーションを組立ててから動いてみよう。

2 1人目の前までできたら、シザースで円を描くようにボールをまたぐ。

3 足首を強くしっかり曲げて、アウトサイドでボールを斜め前に出す。

4 ボールに追いついたら2人目をルーレットでかわす動きに入る。

5 足を入れ替えてボールを引きながら右回転。

6 正面に向き直りながらドリブル。軸がぶれないように注意。

7 3人目の手前で急ブレーキをかけ、ソールでボールを押さえにいく。

8 ソールでボールを横に引くように流し3人目を抜きさる。

9 フェイントの後は体勢を崩さないように常に意識しよう。

トレーニングのツボ 身につけたフェイントを組み合わせて連続で使うことでより実戦的な練習になる。他のフェイントも取り入れて、オリジナルの連続技を身につけよう。

Q&Aコーナー

トレーニングをしていて気になること
Q&Aコーナー

 練習の中で生まれる疑問を解決！

Q1 アウトサイドで強く押し出すドリブルをすると相手に体を入れられてしまいます。インとアウトの、それぞれの使いどころを教えてください。

A1 ボールを扱うスペースが広い時はアウトサイド、狭い時はインサイドやソールのドリブルがやりやすいでしょう。アウトサイドのドリブルで体を入れられる原因は、相手が準備しているコースに進んでしまうからです。ディフェンダーの思考を逆利用して、相手が狙うコースに入るフェイントをかけてから逆を取るようにすれば、入り込まれることなくアウトサイドでの運びが成功するでしょう。

Q2 ドリブルの時に顔を上げて視野を確保するように言われますが、顔を上げるとドリブルがうまくいきません。どちらを優先したらいいのか教えてください。

A2 ドリブルが上達してくれば、余裕ができて自然に顔を上げることができるようになります。つまり、顔を上げるためにはドリブルの技術力向上が必要なのです。しかし、ゲーム中は適確な判断をするために、常に周囲の状況を把握する必要があります。チーム練習では意識して顔を上げるようにして、できるだけ情報収集力を上げるようにしましょう。そして、個人練習でドリブル力を向上させていきましょう。

Q&A

Q3 実際にゲームの中でフェイントを使おうとしても、タイミングと使い分けがわかりません。何か要点があれば教えてください。

A3 広いスペースを運ぶドリブルで進む場合は、スピードを落とさずに複雑なフェイントをかけてディフェンダーを牽制し、その間に進みやすいコースを選択するのが効果的です。逆に、あまりスペースがない状況では、フェイントでディフェンダーを騙し、突破ルートを作るような抜くドリブルを使います。抜くドリブルでフェイントに入る前は縦スピードを上げすぎず、余裕を持ってフェイントをかけましょう。

Q4 ポジションによって必要なドリブルやあまり使わないドリブル、特に練習しておいた方がいいことがあれば、教えてください。

A4 ポジションというよりは、状況によって有効なドリブルが変化していきます。例えば、ドリブルでじっくりと相手を引きつけて、キープ状態からパスが通ればカウンターに繋げられます。また、ディフェンダーと1対1の状況では、時間をかけずに突破することで得点の可能性を高めます。ドリブル練習では、抜く練習やかわす練習、キープの練習だけでなく、突破のドリブルも練習するといいでしょう。

Group Tr

第3章 実践編 グループトレーニング

――ドリブルテクニックをマスターしよう！――

グループ練習を通して
ゲーム感覚で運ぶドリブルと
抜くドリブルをマスター

トレーニング監修:川島和彦(JSC CHIBA代表)

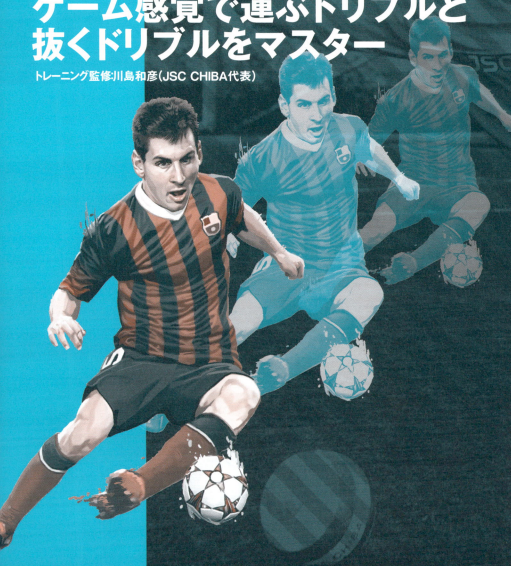

aining

グループ
トレーニング
メニュー

2人で行うメニュー

グループトレーニング① ディフェンダーのプレッシャーに耐えるキープ力を身につける
がに股ローリング／がに股プレッシャー

グループトレーニング② 追ってくるディフェンダーとの1対1の駆け引き
スピードを落とさずディフェンダーを抜き去る

グループトレーニング③ 横から迫ってくるディフェンダーを1対1でかわしてシュートを決める
ディフェンダーを縦に抜いてシュート／ディフェンダーを横に抜いてシュート

グループトレーニング④ 接触を避けるようなドリブルを身につける
8の字ドリブルで正面からくる相手を抜く

グループトレーニング⑤ 横っ飛びにダブルタッチでかわす
足元からの横っ飛びダブルタッチ／走り込んでの横っ飛びダブルタッチ

グループトレーニング⑥ 正面に構えたディフェンダーをワンタッチで抜く
ワンタッチの1対1

3人以上で行うメニュー

グループトレーニング⑦ 対人スラロームのトレーニングで実戦感覚を身につけよう
連続スラロームドリブル

グループトレーニング⑧ ディフェンダー2人の隙をついて反対エリアまですり抜ける
1対2のすり抜けドリブル

グループトレーニング⑨ 連続の1対1で体力と集中力を鍛えよう
縦抜きフェイント

グループトレーニング⑩ フェイントを上手く活用して1対2を制する
連続1対2

グループトレーニング⑪ 的確な状況判断力とラインコントロールを身につける
4対4背中タッチ

グループトレーニング⑫ チーム戦で練習の成果を出し、チームを勝利に導こう！
4対4陣取りゲーム

グループトレーニング①

2人で行うメニュー

グループ練習

ディフェンダーのプレッシャーに耐えるキープ力を身につける

🏃 がに股ローリング

練習時間：15分
スピード：徐々にスピードを上げる

menu マーカーを両足でまたぐように「がに股」の状態になり、片足のソールでボールをローリング。向かい合った2人が同時にスタートし、お互いが行き止まったら方向転換。逆足でボールを運びスタート地点まで戻る。

このトレーニングの動き方

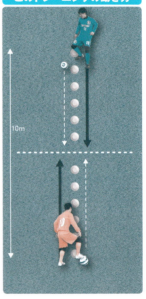

10m

横にいるディフェンダーをブロックするつもりでボールを相手から遠い足で扱う。マーカーがない場合は線を引いて練習を。

股関節を開いた状態で前に走ろう

進んでいく際にそれぞれの足がラインを超えないよう股関節を大きく開き、がに股の状態をキープする。

股関節を開けていないと、体の軸も安定しなくなってしまうので注意。

トレーニングのツボ

股関節を大きく開き、膝は前ではなく横に広げるようにしてボールタッチする。正確に速く直進できるタッチを身につける。

Group Training

がに股プレッシャー

練習時間：20分
スピード：ハーフスピード

menu
ディフェンダーからのプレッシャーをブロックしながら、相手から遠い足でボールをキープ。ボールに触られないようにしつつ前に進む。ディフェンダーはボールを取らずにプレッシャーをかけるだけにして練習を重ねる。

このトレーニングの動き方

約8m

プレッシャーをかけてくる相手の圧力に耐えるのではなく、逆に自分の体重を相手にうまく預けた体勢を取りながら動きを安定させられるようにしよう。

STEP UP TRAINING

慣れてきたらボールの奪い合いをする

ディフェンダーからのプレッシャーに慣れてきたら、ディフェンダーがボールを奪いにいくところまでをトレーニングに取り入れ、試合させながらの取り合いに発展させる。実践的な練習を重ねて、ボールキープ力を向上させる。

トレーニングのツボ
腰をしっかりと落として、体の軸をしっかり保ち姿勢を安定させよう。相手のプレッシャーに負けて前屈姿勢にならないように注意。

グループトレーニング②

2人で行うメニュー

迫ってくるディフェンダーとの1対1の駆け引き

グループ練習

🏃 スピードを落とさずディフェンダーを抜き去る

練習時間：20分
スピード：トップスピード

menu
オフェンスがドリブルして中央のコーンを越えた時点でディフェンダーがスタート。トップスピードをキープして左右にあるⒶⒷどちらかのゴールまでボールを運ぶ。ディフェンダーに背中をタッチされたら負け。

このトレーニングの動き方

ディフェンダーとの駆け引きを意識する

後ろから追いかけてくるディフェンダーの気配や足音など、視覚以外の情報に意識を集中して、見えない相手の動きを感じよう。

慣れてきたらセンターのコーンをディフェンダー側に近づけて難易度を上げて行こう。

Group Training

①最短距離でターンしてディフェンダーから遠ざかる

中央のコーンで鋭くターンしてディフェンダーから遠い⑧のゴールを目指す。

スタートしたらスピードを上げ、中央のコーンを鋭くターンする。ターンが大回りにならないように気をつけよう。

②切り返しでディフェンダーをかわす

Ⓐのゴールに行くと見せかけて、アウトサイドで真横に切り返し、Ⓑのゴールを目指す。

Ⓐのゴールを目指すと見せかけて、アウトサイドで右側真横にボールを出す。蹴り出した足を軸にⒷのゴールに向かう。

③一気に駆け抜けてディフェンダーから逃げる

スタートと同時に一気にスピードを上げて、相手を寄せつけずにⒶのゴールを目指す。

左後方から追ってくるディフェンダーよりも速くドリブルで進み、一気にトップスピードのままⒶのゴールまで駆け抜ける。

ディフェンダーが飛び出してくるタイミングが勝負の分かれ目。周囲の状況でどう動くかを素早く判断することがポイントとなる。

グループトレーニング③

2人で行うメニュー

グループ練習

横から迫ってくるディフェンダーを1対1でかわしてシュートを決める

ディフェンダーを縦に抜いてシュート

練習時間：20分
スピード：速いペースで緩急

menu ディフェンダーの位置、前方のスペースを意識してドリブルでゴールに向かう。横から走り込んで来るディフェンダーが、アタックしてくるタイミングを見計らい、スピードを上げ、縦に突破してシュートまでもっていく。

このトレーニングの動き方

8m

ディフェンダーとの1対1の競り合いに勝つ

ゴール前で横から追って来るディフェンダーと競り合って前に出る時は、自分の体をディフェンダーとボールの間に入れて突破して行くイメージで。

力量によってディフェンダーとの距離は調整しよう。

Group Training

ディフェンダーを縦に抜いてゴールを狙う場合

1 左側にいるディフェンダーにはばまれる前にトップスピードで駆け抜ける。

2 縦に抜くには、トップスピードで一気に抜く。

3 ディフェンダーに追いつかれそうな場合は、写真のように、一旦止まるふりなどをして相手の体勢を崩す。

4 ディフェンダーのスピードが落ちたら…

5 再加速して、縦にボールを蹴り出し、そのまま勢いを落とさずにディフェンダーを突破する。

6 途中でフェイントを入れる場合も、スピードは落とさないように注意。

トップスピードで抜き去るのが基本。追いつかれそうな時は緩急をつけて抜く。

運ぶドリブルトレーニング③

2人で行うメニュー

ディフェンダーを横に抜いてシュート

練習時間：20分
スピード：速いペースで緩急

menu ゴールに向かってドリブルで直進する。横から走り込んで来るディフェンダーがアタックしてくる瞬間に、相手の裏を取る切り返しで横にかわし、シュートまでもっていく。

このトレーニングの動き方

ディフェンダーとの位置関係を見極める

ボールを奪いに来るディフェンダーとの位置関係が重要になる。ドリブルでゴールを目指しながらもディフェンダーの走り込んでくるスピードや位置に気を配る必要があるので、しっかりと相手の動きを観察する。相手がアタックに来る瞬間の動きを常にイメージしながらドリブルをする。

相手の動きをきちんと把握するためには、足元に気を取られて視線を落とさないことが大切。日頃から意識してボールコントロールするようにしよう。

視線

Group Training

ディフェンダーを横に抜いてゴールを狙う場合

1

ディフェンダーの動きをしっかり見ながらドリブルで前進していく。

2

タイミングを見て右足を前に踏み込み、このまま前に抜けるように思わせる。

3

軸足とボールの間のスペースに逆足を入れ込み…

4

アウトサイドを使って、ディフェンダーの背後にボールを出す。

5

体の正面をボールに向けて、タッチした足を軸に踏み出す。

6

スピードを上げて一気にゴールに近づき、シュートを打つ。

走ってくるディフェンダーは①急に止まりにくく、②曲がりにくく、③後ろに戻って走りにくい。こういった特徴をふまえてプレーしよう。

グループトレーニング④

2人で行うメニュー

接触を避けるようなドリブルを身につける

8の字ドリブルで正面からくる相手を抜く

練習時間：15分
スピード：通常スピード

menu ボールを持ってコーンの周囲を8の字を描いてドリブル。この際、進行方向はそれぞれ逆回りになるようにし、相手と出会ったらぶつからないよう左右にかわす。

このトレーニングの動き方

お互いぶつからないように左右にかわす

試合中に近づいてくるディフェンダーの動きなどをイメージしながら、相手を見てお互いにぶつからないように動く。

1. 前から相手が迫ってきても、それまでのスピードを保ってドリブル。

2. 相手から遠い足を使ってインサイドでボールタッチ。

3. スピードは落とさずにそのままドリブルを続ける。

Group Training

インサイドからアウトサイド

インサイドで軽くボールを前に出して、同じ足のアウトサイドで横にかわす。

ローリングからのアウトサイド

ソールでボールを内側に運び、同じ足のアウトサイドで外に押し出してかわす。

インステップからのインサイド

ドリブルから、ボールの奥に足を大きく踏み込み、インサイドタッチで切り返す。

アウトサイドからインサイド

アウトサイドでのドリブルから、ボールの奥に足を踏み込んでインサイドでボールを横に切り返す。

8割くらいのスピードをキープし続ける。視線は上げて前を見るイメージ。

グループトレーニング⑤

2人で行う
メニュー

横っ飛びに
ダブルタッチでかわす

グループ
練習

足元からの
横っ飛びダブルタッチ

練習時間：15分
スピード：緩急つけたスピード

menu 足元のボールを横っ飛びしながらダブルタッチ。インサイドでボールを運び、着地点で逆足に受け渡す。体ごとボールを運ぶようなイメージでディフェンダーをかわす。

このトレーニングの動き方

1～1.5m

横っ飛び
ダブルタッチの流れ

1 ディフェンダーはボールを狙い走り出す。

2 インサイドでボールを運び横に飛ぶ。

3 引きするように運んだボールを逆足に渡す。

トレーニング
のツボ

はじめはボールなしで、走り込んでボールを
運ぶイメージで練習してみよう。

Group Training

走り込んでの横っ飛びダブルタッチ

練習時間：15分
スピード：緩急つけたスピード

menu 離れた場所からディフェンダーと同時に走り出し、ボールに走り込んで、そのまま横っ飛びしながらダブルタッチ。

このトレーニングの動き方

相手の飛び込むタイミングを見極める

離れた場所にあるボールまで勢いをつけて横っ飛びする。ディフェンダーのアタックするタイミングを外すように大きくダブルタッチでかわす。

1 お互いにボールから距離をとって練習スタート。

2 ディフェンダーと同時にボールに向かって走り込む。

3 そのままの勢いでダブルタッチのモーションに入る。

1 インサイドでボールを引きするように運びながら横っ飛び。

2 着地した足を軸に、股関節を大きく開いてさらに足を伸ばす。

3 大きく開いた足のインサイドでボールを受けて走りだす。

トレーニングのツボ　ディフェンダーが追いつくギリギリの状況でかわすことで相手のタイミングを外して次の動作を楽に行える。

2人で行うメニュー

グループトレーニング⑥

正面に構えたディフェンダーをワンタッチで抜く

グループ練習

ワンタッチの1対1

練習時間：20分
スピード：緩急つけたスピード

menu
ディフェンダーと正面に向き合い、左右どちらかにワンタッチでかわす。ディフェンダーの反応が遅れたり、かわせれば勝ち。同じ方向に反応したらオフェンスの負け。

このトレーニングの動き方

ワンタッチでかわす1対1

勝ちの場合

オフェンスは体全体でフェイクの動きをしたり、シザースなど、様々なフェイントを使って仕掛けていこう。

負けの場合

左右に体を動かして、ボールをまたぐ時の軸を保つ。前屈姿勢にならないように注意。

Group Training

STEP UP TRAINING ツータッチでかわす1対1

ワンタッチでかわすトレーニングに慣れてきたら、ツータッチで相手をかわす1対1にチャレンジしてみよう。ワンタッチの時よりもさらにタイミングを外してかわすことがポイントの練習になる。

1. ディフェンス側は相手の動きをよく見よう。

2. まずは左足のアウトサイドを使ってタッチするフリ。

3. ボールをまたぐフェイント。ディフェンダーは足を開いてしまう。

4. すかさず逆足をたたんで、アウトサイドでボールにタッチ。

5. そのまま軸足を踏み込みながらボールを押し出す。

6. ディフェンダーは反応できなかったので、オフェンスの勝ちとなる。

トレーニングのツボ　体で一定のリズムを刻み、そのリズムに相手が合わせてきた瞬間に変化させてみよう。一瞬動きを止めるのも効果的。

グループトレーニング⑦

3人以上で行うメニュー

グループ練習

対人スラロームのトレーニングで実戦感覚を身につけよう

 連続スラロームドリブル

練習時間：20分
スピード：緩急つけたスピード

menu 障害物役の選手が縦に間隔をあけて歩きながらドリブルしている間を、抜き役の選手がスラロームでかわし、全員抜き終ったら後ろについて、今度は障害物役になって歩きながらドリブルをする。

このトレーニングの手順

① 障害物役の選手（2～4人）が2～3m間隔で縦に並ぶ。
② 障害物役の集団は間隔を保ちつつ、歩きながらドリブルで前に進む。
③ 抜き役の選手はスタート地点から移動してくる集団をスラロームで抜いていく。
④ 全員抜き終わったら障害物役として最後尾について、歩きドリブルをする。
⑤ 障害物役の先頭の選手は、抜き役の選手と交替して抜き役に変わる。

対人トレーニングであることを意識する

このトレーニングの特徴は、「移動してくる人」を抜くこと。静止したコーンを使うクローズドスキルと、実戦のようなスピードで人と対戦するオープンスキルの中間ぐらいの練習だと考えて取り組もう。人を抜くため、コーンドリブルよりもリアルなトレーニングとなる。慣れてきたらただスラロームでドリブルするのではなく、いろいろなルートを選ぶようにしよう。フェイントやステップを入れることで、より実戦的なトレーニングになっていく。

Group Training

お父さんお母さん・コーチはここに注意!
選手へのアドバイスポイント

歩きドリブルの選手に変化を!

歩きドリブルをしている障害物役の選手も、動きに様々な変化をつけながら進んでいくことで、より効果的な練習になる。例えばドリブルではなくリフティングで進んでみたり、リフティングの最中にボールをつま先で突いていきなり前に出したりして、抜き役の選手にプレッシャーを与えるようなこともしてみよう。後ろ向きにドリブルをしたり、ヘディングで進んだりしても良い。あくまで、歩くようなスピードで前に進んでいればいいので、いろいろと工夫を入れていく分には問題ない。抜き役だけでなく障害物役も、一連の流れの全てが技術力向上のトレーニングにつながるということを念頭に、より効果的なトレーニングにするにはどうすればいいのかを常に考えながら練習に取り組むことが重要となる。

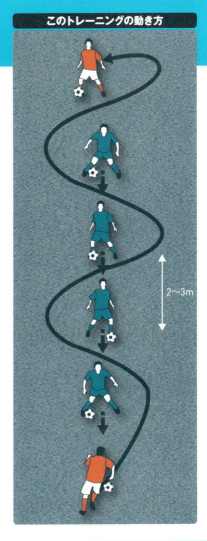

このトレーニングの動き方

2～3m

トレーニングのツボ

抜き役の選手は基本は速いスピードを意識し、緩急をつけながら、より実践的な練習にしていこう。早めに相手を避けた方が簡単なので、慣れてきたらあえてギリギリまで相手に近づいて抜くなど、自分で難易度を上げてみてもいい。

グループトレーニング⑧

ディフェンダー2人の隙をついて反対エリアまですり抜ける

グループ練習

 1対2のすり抜けドリブル　練習時間：20分　スピード：トップスピード

menu コート内で2人のディフェンダーに阻まれないよう、隙をついて反対エリアに移動する。1人目が終了したら、反対側で待機していた1人がスタートし、これを交互に行う。オフェンスとディフェンスは回数を決めて交替する。

このトレーニングの手順

①コーンで10m四方のコートを作り、コート内にはディフェンダーを2人待機させる。

②ドリブル役の選手は、コートの外側、対面に1人ずつ分かれてそれぞれがボールを持つ。

③1人目のドリブル役がスタートする時だけは、ディフェンダーの2人はその反対側にスタンバイして、スタートと同時にディフェンスを開始する。

④1人目が反対側のラインにゴールするかボールを奪われた瞬間に2人目もドリブルをスタート。同じく2人目の勝負が決した瞬間、先ほどのドリブル役がスタート、を繰り返す。1人10回ずつ勝負したら役割交替。

横から走って来るディフェンダーを意識する

このトレーニングではフェイントなどは入れずにトップスピードでゴールに向かって駆け抜けよう。ディフェンダーは左右のどちらかから逆サイドに向かって連続で走り続けることになるので、まっすぐに駆け抜けるドリブルを仕掛けると有利。しかし、横からプレッシャーをかけて来るディフェンダーを意識することで、実戦に近いトレーニングとなる。

Group Training

お父さんお母さん・コーチはここに注意！ 選手へのアドバイスポイント

位置取りを工夫して駆け抜けよう

2人目のドリブル役は、1人目がゴールするかボールを奪われた瞬間にスタートできるので、ディフェンダーの意識がまだ1人目に向いている。それをうまく利用して、ディフェンダーの背中側を位置取りながら大きく迂回したり、サイドを一気に駆け抜けたりして、トップスピードでゴールを目指そう。2人のディフェンダーの位置関係だけでなく、1人目のドリブル役の進路をよく見て、自分が走りやすいコースを探りながらスタートの位置を工夫させよう。スタンバイしている間に、敵と味方、両方の動きを観察し、広い視野を身につけて練習すればより実戦的になる。闇雲に走りまわることにならないよう注意する。

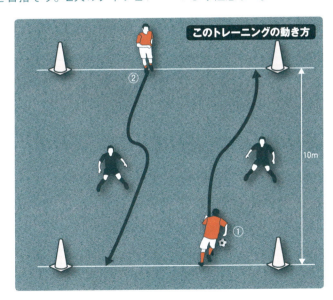

このトレーニングの動き方

トレーニングのツボ　ドリブル役の選手はただ前に向かって走るのではなく、周りの状況を確認しながら、横から走って来るディフェンダーをしっかりと意識し、実戦に近い感覚でプレーすることが重要。

グループトレーニング⑨

3人以上で行うメニュー

連続の1対1で体力と集中力を鍛えよう

グループ練習

縦抜きフェイント

練習時間：20分
スピード：緩急つけたスピード

menu 3〜5人が縦に並びディフェンス役に、ドリブル役の選手が順番に1人ずつ連続で抜いていく。ミスしたらディフェンダーの最後尾に移動。今まで先頭にいた選手がドリブル役となりスタート。

このトレーニングの手順

①ディフェンダーの選手は2〜3m間隔で縦に並び、足元にマーカーを置き自分のボールを乗せておく。

②ディフェンダーは縦に抜いてくる選手の突破を阻むが、自分の足元に置いたボールの地点を軸にして、その左右にしか動いてはいけない。ただし、足は前に出してもOK。

③ドリブルで抜く選手はスタート地点から順番に1人ずつ抜いていく。

④全員抜くか、途中でカットされた時点で勝負は終わり最後尾に移動してディフェンス役に。

⑤ディフェンダーは、抜かれてもカットしても勝負が決した時点で一つ前のマーカーに移動して次まで待機。先頭のディフェンダーがドリブルで抜く役にチャレンジして次にスタートする。

スピードではなくフェイントを意識する

並び方はグループトレーニング⑦の対人スラロームに似ているが、抜き役はスピードを上げる必要はない。これは抜くための練習なので、左右に相手の逆を取ることに集中する。そのためディフェンダーの動き方は左右のみの制限を加える。こうすることによって、フォワードは抜くことに集中でき、ディフェンダーはサイドステップによるディフェンス力が強化される。

Group Training

お父さんお母さん・コーチはここに注意!
選手へのアドバイスポイント

いろいろなフェイントを使っていこう

このトレーニングで、抜き役には、フェイントによる技術力が求められる。シザースだけやエラシコだけなど、一つのフェイント技だけを使って抜いていると、だんだんと相手にタイミングを読まれてしまうので、できるだけいろいろな種類のフェイントを使うようにしていく。また、抜く方向も右だけや左だけなど、自分の得意な方向だけで抜かないように気をつける。自分が苦手だと感じているフェイントや進行方向を克服するような気持ちでトレーニングにチャレンジしよう。体を大きく使った様々なフェイントで、全員抜きを達成できるよう繰り返す。たまにフェイントをかけるふりをしてそのまま抜く逆フェイントも効果的だ。ディフェンダーは、ドリブル役の視線や体の動きをよく見て、冷静に対応しよう。

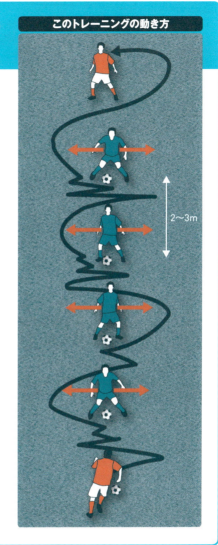

このトレーニングの動き方

2〜3m

トレーニングのツボ

技術力によって、ディフェンダーの間隔や人数を調整しよう。慣れてきたら、ディフェンダーは一度だけ前に出られるなど制限を緩めていき、難易度を上げてもよい。5回に1回全員抜きできるくらいがベストな設定と言える。

グループトレーニング⑩

フェイントを上手く活用して1対2を制する

練習時間：20分
スピード：緩急つけたスピード

menu コート内の2人のディフェンダーに阻まれないよう、スピードではなくフェイントで抜いて反対側に移動。1人目が反対側まで抜き切るか、止められた時点で待機していた2人目がスタート。オフェンスとディフェンスは回数を決めて交替する。

このトレーニングの手順

① コーンで10m四方のコートを作り、コート内にはディフェンダーを2人待機させる。

② ドリブル役の選手は、コートの外側、対面に1人ずつ分かれてそれぞれがボールを持つ。

③ 1人目のドリブル役はディフェンダー2人をフェイントで抜き、対面のゴールを目指す。

④ ディフェンダーにボールを奪われるか、2人を抜きゴールできた時点で1人目の勝負は終了。

⑤ 1人目の勝負が決した瞬間に2人目がスタートして、反対側のゴールを目指す。1人5回ずつ勝負し終えたら役割交替。

実戦に近いトレーニングで駆け引きを学ぶ

このトレーニングではドリブル役にはフェイントの技術が要求される。ディフェンダーが2人いるので、その間を狙って抜いていくことを意識する。ただし、実戦に近いトレーニングにするため、間を狙うふりからディフェンスの逆をついて抜くなどの駆け引きをしていこう。ディフェンダーをスピードで抜き去るようなプレーはせず、フェイントで抜ききることが重要!

Group Training

お父さんお母さん・コーチはここに注意! 選手へのアドバイスポイント

ディフェンダーの並び方を変えてみよう

2人のディフェンダーが横に並んで位置どった場合と、縦に並んだ場合の二つのパターンで練習してみよう。横に並んでいる場合は、間を縦に抜けるようにフェイントをかけて、2人のディフェンダーが間を埋めようと固まったところを横から抜く。縦に並んでいる場合は、横から抜けるように左右にフェイントをかけて、ディフェンダーが横に開いたところを狙い、間を通して突破しよう。フェイントをかける前にスピードを上げるのは禁止だが、フェイントをかけて相手を騙したあとは、一気にスピードを上げてゴールを目指そう。

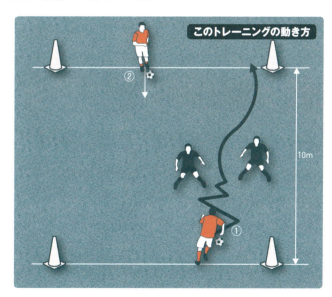

このトレーニングの動き方

スピードに頼らずに、フェイント技術で勝負することを意識する。単純なボディフェイントからシザースやクライフターンなど、これまでに身につけた様々なフェイントを活用してディフェンダーに揺さぶりをかけよう。

グループトレーニング⑪

的確な状況判断力とラインコントロールを身につける

4対4背中タッチ

練習時間：25分
スピード：緩急つけたスピード

menu 4対4のチームに分かれ、両チームとも対面にあるコーンに向かって一斉にスタート。コーンを目指すとともに敵の背中もタッチする。背中を触られずにコーンまで辿り着いたら勝ち。ただし、一つのコーンには1人しかゴールできない。

このトレーニングの手順

① コーン四つを横幅3mに並べ、10m先の対面にも同様に並べる。
② 8つのコーン横に全員がそれぞれボールを持って立つ。
③ スタートの合図とともに向かい側のコーンのどれかを目指しドリブルで進む。
④ 相手チームの選手と交錯する際に、相手の背中にタッチする。
⑤ 背中をタッチをされたらアウトの騎馬戦型対戦ゲーム。
※目指すコーンは対面4カ所のどれでも良いが、同じコーンにはゴールできない。

運ぶトレーニングの強化版であることを意識しよう

通常のゲームでは攻守の切り替えがきちんとされて進行していくが、このトレーニングでは全員がオフェンスとディフェンスを兼ねた感覚が必要なため、背中をタッチしようとお互いに近づいていくことになる。どの相手が狙って来るのか、何人が同時に狙ってくるのかわからないので、とにかく相手に背中を見せないように動くことを意識しよう。両サイドにいる選手は背中を外に向けながら進むことで、背中を守りつつ全体を見渡すことができるので、それを活用しながら背中タッチを目指そう。

Group Training

お父さんお母さん・コーチはここに注意! 選手へのアドバイスポイント

緩急を使い分けて進み、全体をよく見る

〝運ぶ〟に重点を置いたトレーニングではあるものの、ドリブルしながら向かって来る相手や自分と同じようにコーンに向かって進む仲間もいるため、攻守使い分けながらゴールを目指す必要がある。また、ゴールとなるコーンも四つあるので、どのコーンを選ぶか、他の仲間と目標が被っていないかなど、全体をよく見て動かなければならない。視野の広さと的確な判断力が求められるので、常に視線を上げて、周りの状況をよく見てから動くようにしよう。相手が背中を狙って近づいて来た時も、1人の相手にばかり気をとられず、全体の流れを把握するのがポイント。

このトレーニングの動き方

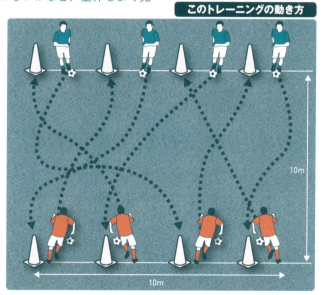

トレーニングのツボ
スタート時に決めたゴールとコースを頑なに守ろうとせず、状況に応じてその都度進路変更し、柔軟な対応ができるようにしよう。全体の流れに身を置きながら、確実に自分のペースをつかんでいこう。

グループトレーニング⑫

3人以上で行うメニュー

グループ練習

チーム戦で練習の成果を出し、チームを勝利に導こう!

4対4陣取りゲーム

練習時間：25分
スピード：緩急つけたスピード

menu 4対4に分かれてドリブル役とディフェンス役のチームを作る。正面のコーンに向かって一斉にドリブルをスタート。チーム戦で1人でもコーンに辿り着いたら勝ち。全員がディフェンダーにボールを奪われたら負け。

このトレーニングの手順

①コーン四つを横幅3m間隔に並べ、10m先の対面にも同様に並べる。

②片方の側のコーンの横にドリブル役の4人がそれぞれボールを持って立つ。

③ディフェンダーはスタートラインから5m離れたコートの中央で待機し、スタートの合図を待つ。

④合図とともにドリブル役は対面の4カ所のコーンを目指し、ディフェンダーはこれを阻む。ボールをカットされた時点でそのドリブル役は負けになる。

※これはチーム戦なので、誰か1人がゴールに辿り着けばドリブル側の勝利となる。コーンの周囲1mまで接近でゴールとする。

抜く技術を最大限に活かす

1対1や1対2ならまだしも、ボールが四つ入った、このような混戦の状況では、スピードだけでごまかすことができなくなるため、抜く技術を備えた選手が有利になる。これまでに身につけたマシューズやシザース、クライフターンやルーレットなど、あらゆるフェイントを使って、ディフェンダーの逆を取り、ゴールのコーンを目指そう。一度抜いたディフェンダーが後ろから追いかけてくることもあるので、背後への警戒も忘れないよう注意する。

Group Training

お父さんお母さん・コーチはここに注意! 選手へのアドバイスポイント

チーム戦であることをしっかりと意識させる

このトレーニングの大きな特徴は、チーム戦であるということ。たとえ自分がボールを取られたとしても、1人でも味方がゴールすればチームの勝利になる。自分でゴールを狙う気持ちも大切だが、あえて囮になってディフェンダーを引きつけることでチームの勝利に繋がることも意識して動くようにしよう。周りをよく見てチームメイトの動きを把握し、声を掛け合いながら勝利を目指そう。全体を見渡して指示を出せるようなリーダーがいるとチームがまとまり、勝てる確立がグンと上がる。チーム戦という、サッカーにおいて基本的で大切な部分を意識して、自分勝手なプレーをしないよう注意。

このトレーニングの動き方

トレーニングのツボ

相手を抜こうとする時には自分の使える技の使いどころを見極めて、一番効果的なタイミングで技を出すようにする。チーム戦の勝利を目指したより実戦的な状況の中で、素早い状況分析力と判断力を身につけよう。

エピローグ

「世界で一番すごい、ドリブルの天才とは？」
こんな質問をされたら、あなたは何と答えますか？
「リオネル・メッシ！」
「クリスティアーノ・ロナウド！」
「アンドレス・イニエスタ！」
　さまざまな選手の名前があがると思います。
　ただ、そのうちの1人、メッシは、こんなことを言っています。
「僕は生まれながらの天才ではない。努力の人間なんだ」

　今や、サッカー界で誰も疑うことのない"レジェンド"となったメッシも、その才能を最初から手にしていた訳ではありません。日々練習を積み重ねてきた結果、神懸かり的なテクニックを身につけ、それをピッチ上で披露できるようになったのです。

本書のトレーニングメニューの中で、苦手な項目があってもあきらめずに、何度もチャレンジして下さい。上手くいかないトレーニングを重点的に、繰り返し練習して、「運ぶドリブル」と「抜くドリブル」のポイントをつかんでいきましょう。

　本書を通して、「何もしない人」から、「行動できる人」に変わり、そして、「やり遂げる人」になれたなら、それはあなたが次なる"レジェンド"になっていく始まりかもしれません。

　サッカーが上手くなりたいという気持ちをいつでも大切にして下さい。楽しく、真剣に練習に取り組めば、ドリブルは絶対に上達します。

　さあ、練習を続けましょう！　ボールは努力する選手を裏切りません。

て「神様」じゃない…。
ジェンド（伝説）」になれる！

ilogue

監修者紹介
Author

監修者

川島和彦　*Kazuhiko Kawashima*
JSC CHIBA 代表、U-12 監督

29年にわたり、JSC CHIBAにて、約2,000人を超える子供たちを指導する。地元、千葉県だけでなく、青森・岩手・茨城、富山、大阪、新潟など広域的に活動を行いながら子供たちのサッカー育成を続ける。JFA公認C級コーチ。

DVD『わんぱくドリブル軍団JSC CHIBAの最強ドリブル塾～子供のドリブルテクニックを楽しみながら上達させる方法～』の監修などメディアでも活躍。

モデル

中村瞭 *Ryo Nakamura*

JSC CHIBA出身。

村松正則 *Masanori Muramatsu*

JSC CHIBA所属、ジュニア担当コーチ／ドリ塾・四街道＆本千葉塾長。JFA公認C級コーチ。

撮影協力

フットボールコミュニティー佐倉

千葉県佐倉市染井野4-8-3
TEL：043-488-2511
URL：http://football-com.jp/

吉田和史 *Kazufumi Yoshida*

スペイン・サッカー協会公認指導者

　1976年生まれ。2003年よりスペインに在住し、同年バルセロナでクラブチーム、エスパニョール・スクール等でサッカー指導を始める。2008年スペインのコーチライセンス・レベル3（日本のS級に相当）を取得し、2011年からスペインのユース3部リーグの監督を歴任。
　『サッカークリニック』（ベースボール・マガジン社刊）にて、「スペイン・サッカーの流儀」を連載。

マイナビのスポーツ実用書のご紹介

DVDでわかる!!
ココロとカラダ
にやさしい
太極拳

著／大畑裕史
定価／本体1,600円＋税
ISBN978-4-8399-4550-3

　24式太極拳の動きをまとめた実演・指導DVD付きとなる初心者向けの書籍です。太極拳は、低負荷で、無理なく筋肉に刺激を与えられる優れた有酸素運動です。さらに、太極拳は副交感神経に働きかけ、ストレスで弱ったメンタルや心のバランスを整えてくれます。本書は「太極拳」の動作指導だけでなく、美容効果、運動効果、さらにメンタルへの働きかけなど、"女性にうれしい太極拳のメリット"を含めて、詳細な写真とDVDの映像でわかりやすく紹介します。

走るのが
速くなる
俊足教室

監修／朝原宣治
定価／本体1,480円＋税
ISBN978-4-8399-4951-8

　オリンピック、世界陸上などで活躍した、陸上短距離・銅メダリスト（北京オリンピック4×100mリレー）の朝原宣治氏によるスプリント力（短距離走力）向上のための実用書です。本書では足の運びや腕の振り、また「体幹」部分の使い方など、正しい走り方の基本を紹介します。速く走るために必要な要素、動作を分かりやすく、より簡単な実践方法にしてあります。小～中学校時期に取り組みたいコオーディネーション・トレーニングのメニューも詳しく紹介します。

DVDでわかりやすい
ケガと痛みに
効くストレッチ

著／伊藤和磨
定価／本体1,800円＋税
ISBN978-4-8399-4626-5

　テレビや雑誌などでも活躍する人気トレーナー、伊藤和磨氏によるストレッチ＆身体調整法のDVD付実践書です。本書では、ケガや痛み、もしくは蓄積した疲労などによって低下した筋肉の柔軟性と関節のモビリティ（自由度や可動性）を改善するためのストレッチを紹介します。スポーツのパフォーマンスを向上させたい人、身体が硬くて従来のストレッチが苦手な人にもお勧めの一冊です。本当に正しい「ストレッチ」の方法を知れば、スポーツや日常生活で本来のパフォーマンスが発揮できます。

走らない
ランニング・
トレーニング

著／青山剛
定価／本体1,500円＋税
ISBN978-4-8399-4019-5

　初心者をフルマラソン完走に導く指導に定評のある著者が、アスリートとして、また指導者としての経験をもとに確立した、一般ランナーのための「長距離ランニング・トレーニング」のノウハウを完全公開します。無理して、走らなくてもランニング能力をアップする「体幹スイッチエクササイズ」、初心者でも8カ月でフルマラソン完走を目指すプログラム等をはじめ、仕事が忙しい人でも3日坊主で終わらないトレーニングの具体的な方法を紹介します。

首、肩、腰の痛み、
体の不調が消える!
肩甲骨はがし
ストレッチ

監修／杉田一寿・若林孝誌
定価／本体1,480円＋税
ISBN978-4-8399-5716-2

　「肩甲骨」は本来、とても自由度の高い部位ですが、日頃の生活習慣や、偏った姿勢によって肋骨の背部にベタリと張り付き固まってしまいます。これが体に歪みを生じさせ、凝りや痛みなどさまざまな不調を引き起こす原因です。本書では、動きの悪くなった肩甲骨と骨盤の可動域を広げるメニューによって、体に自然な姿勢や機能を取り戻します。マッサージ店や接骨院、スポーツクラブなどに通わず自宅で、首、肩、腰の痛みや不調を改善出来ます。

業界No.1
自転車バカが教える
自転車あるある
トラブル解決
BOOK

監修／菊地武洋
定価／本体1,500円＋税
ISBN978-4-8399-4627-2

　自転車ツーリングを楽しむ上で、起こりがちな様々なミスやトラブルのシチュエーションを「あるある」ネタとして紹介しながら、そのトラブルの対処法を提示する実用書です。1人ではすべてを理解し得ないメンテナンスやセッティング、そしてライディングの実践的内容を図解やイラストで、ビジュアライズして紹介します。経験の浅いライダーにとってはトラブルを未然に防ぐため、また、ある程度経験を積んだライダーにとっては「あるあるネタ」の読み物として楽しんでもらえる一冊です。

マイナビのフットサル&サッカーアプリのご紹介

『動画で学ぶ サッカーテクニック』(無料)

フットサル&サッカーの、1対1に勝てるドリブルテクニックや、リフティングなどの個人技、そして初心者向けの基本技術などが、動画と連続写真、詳細な解説によってわかりやすく学べる ビジュアルコンテンツアプリケーションです。 指導するコーチ陣は超一流！ コンテンツはアプリ内で購入・閲覧することができます。

対応デバイス iOS5.0以降のiPad、iPhone、iPod Touch
※Appの購入・ダウンロードは iTunesのApp Storeをご利用ください。

iPhoneでの App Store 購入画面

写真と動画を見比べながらテクニックを理解できる機能がとても便利。写真&動画はスワイプ操作で拡大も可能なので、詳細の確認も簡単！

連続写真のスライドショー&動画が同じ画面上でマルチに展開！

読み込み時間のないスムーズな動画再生で、今すぐスゴ技テクニックを確認出来る！

テクニックの手順とポイントを詳細に説明した連続写真によるスライドショー！

エスポルチ藤沢・広山晴士の ドリブルで1対1に勝つ!!

動画45分 静止画370枚 収録!!

コンテンツ第一弾は、フットサル&サッカーで使える超絶テクニック30『エスポルチ藤沢・広山 晴士のドリブルで1対1に勝つ!!』。日本随一のテクニック伝道師、広山晴士が1対1の局面で使える「ドリブル」の技を披露。 30種のテクニックを「足首TYPE」「足裏TYPE」「ステップTYPE」「浮き球TYPE」に分類。 シンプルで基本的な技からDFの頭を越える浮き球テク、軸足の裏を通す「後ろ通し」など、相手がビックリするようなテクニックを紹介する。"実戦で使える"ことにこだわる著者厳選の ラインナップ。これで、ドリブルの突破力、キープ力が何倍にもアップすること間違いなし！

エスポルチ藤沢・広山晴士の リフティングで1対1に勝つ!!

動画75分 静止画550枚 収録!!

コンテンツ第二弾は、フットサル&サッカーで使える超絶テクニック50『エスポルチ藤沢・広山晴士のリフティングで1対1に勝つ!!』。実戦の局面打開に役立つ「リフティング」テクニックを紹介。50種のテクニックを、基本技術となる「リフティング」、地面に接地した足でボールを弾ませる「ステイ」、身体の各部でボールを静止する「キャッチ」のほか、浮かせ技の「リフトアップ」、地面でボールを突く「ジャグリング」などに分類。"実戦で使える"ことにこだわる著者厳選のラインナップ。これで狭い場所でも自由自在のトラップ力と、キープ力を手にすることができる！

スペイン流2大テクニック
運ぶドリブル&抜くドリブルをマスターする本 新版

2016年9月30日　初版第1刷発行

監　　修	川島和彦　吉田和史
発 行 者	滝口直樹
発 行 所	株式会社マイナビ出版 〒101-0003　東京都千代田区一ツ橋2-6-3 一ツ橋ビル2F 電話　0480-38-6872【注文専用ダイヤル】 　　　03-3556-2731【販売部】 　　　03-3556-2735【編集部】 URL　http://book.mynavi.jp
編集・構成	竹田東山／倉本皓介（青龍堂）
撮　　影	真崎貴夫
イラスト	アカハナドラゴン
図 版 制 作	五十嵐直樹／倉本美樹
カバー・本文デザイン	雨奥崇訓
印 刷・製 本	中央精版印刷株式会社

※本書は、2014年に株式会社マイナビより発行された『スペイン流2大テクニック 運ぶドリブル&抜くドリブルをマスターする本』に一部修正を加えた再編集版です。
※価格はカバーに記載してあります。
※乱丁・落丁本についてのお問い合わせは、TEL：0480-38-6872【注文専用ダイヤル】、または電子メール：sas@mynavi.jpまでお願いします。
※本書について質問等がございましたら（株）マイナビ出版編集第2部まで返信切手・返信用封筒を同封のうえ、封書にてお送りください。お電話での質問は受け付けておりません。
※本書は著作権法上の保護を受けています。本書の一部あるいは全部について、発行者の許諾を得ずに無断で複写、複製（コピー）することは著作権法上の例外を除いて禁じられています。

©2016 G-BASE FACTORY　©2016 Kazufumi Yoshida　©2016 Seiryudo　©2016 Mynavi Publishing Corporation
Printed in Japan
ISBN978-4-8399-6085-8　C0075